早く読めて、
忘れない、
思考力が深まる

「紙1枚！」読書法

浅田すぐる

SB Creative

本書「紙1枚！」読書法を学ぶとどうなるか？

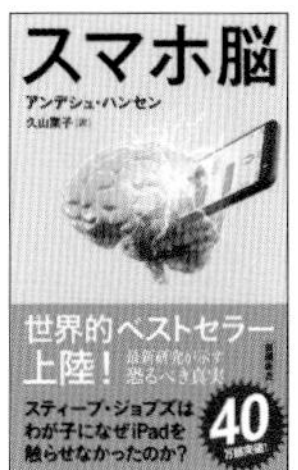

ベストセラーを「紙1枚」に

⇒ 読んでも忘れず、人にも説明可能な読書ができる！

11/11 「スマホ脳」	ネガへの関心は根源的＝フェイク拡散の本質	Q? スマホは人類に何をもたらしたのか？	
脳の報酬系をハッキングされている	タブレット＜紙の方がよく覚えている	A? 依存症、集中力の低下、ストレス	
進化生物学の前提：人間は今も昔も同じ	スマホ依存で眠れない若者の精神不調↑	Why?	3 扁桃体の過剰興奮でストレス過多に
扁桃体の過剰興奮＝火災報知器状態	運動：集中力、健全なファイトorフライト	1 「更新されるかも」で脳がハッキング	2 気が散る自然衝動をスマホが加速化
「更新されてるかも」がドーパミンを増やす	フリン効果や脳の可塑性に期待できるか	What?	3 ストレス：ネガ情報の過剰摂取
長期記憶の鍵＝集中力 vs. マルチタスク幻想	すぐに気が散るのは自然な衝動	1 スマホ依存＝スロット：不確かな結果への偏愛	2 集中力の低下：バカになっていく子供達
Google効果によるデジタル健忘症の時代	テクノロジーを賢く使いたくても、退化	How?	3 睡眠時間を増やす
対人共感、辛い状況の人への共感能力↓	自然主義的誤謬とのバランス	1 スマホの利用を制限する	2 集中力を取り戻すために、運動する

	11/11 「未来を実装する」	リスクはマトリクスを活用して説明	Q? どうすれば新システムの導入を実現できるか？	
1	優れた理想＝インパクトが人を巻き込む原動力	ガバナンスはルールやマニュアルの整備から	A? 次の「5つのチェック項目」をクリアする	
	優れた理想は良い問い＝イシューにもつながる	法務部の同期にコンタクトして連携	「5つのチェック項目」とは何か（What?）	3 □組織体制は？ □どう合意形成？
	電気実装の例：技術に社会が従う	センスメイキングの本質：オーバーコミュニケーション	1 □どんなニーズに答えるのか？	2 □理想と道筋は？ □どんなリスク？
3	統治の形を変える＝ガバナンス	ナラティブ：説明＜物語ってもらえる	なぜ上記の項目？（Why?）	3 リスクや体制へのケアあっての合意形成
0	新システム導入のデマンドサイドは何？	プロトタイピング：小さく始める	1 デマンドなくして実装・実現なし	2 理想があるから現状も課題も共有可能
2	リスクの洗い出し全くやってないな…	モビライザー的人物であるAさんを巻き込む	明日からどうする？（How?）	3 固まり次第、関係者との合意形成を開始
	ロジックモデルはロジック３で代替え可能	パワーマップを作成し関係者の見える化	1 実現のための組織体制を検討	2 実現におけるリスクの洗い出し

自分には「センスメイキング」が特に重要 — 4

分厚い本も「紙1枚」に

⇒ 15分前後で、仕事に即活かせる読書ができる！

古典的名著を「紙1枚」に

⇒ 没頭し、深く考え抜けるような読書ができる！

11/11 「ゲーテとの対話」	000	Q? ホンモノの作家の在り方とは？	
000	000	A? 百万の読者を期待しないような人間は、一行だって書くべきではないだろうね	
000	000	どういう意味？	3 人のためになるという確信はあるか？
000	000	1 売らんかなではなく気概・心の構えの話	2 自己満足・自己完結に陥っていないか？
000	000	なぜ響いた？	3 初出版の時の気概を取り戻すきっかけに
000	000	1 「知る人ぞ知る」でOKとなっている自分に活！	2 片づけのこんまりさんも当初からミリオンの志
000	000	どう活かしていく？	3 毎日の執筆時にこの部分を音読
000	000	1 「ゲーテとの対話」をどこかで引用	2 「クオート」の事例として採用

次ページにて、「1枚」フレームワークの書き方とは？

必要なもの　紙 　3色(緑・青・赤)のペン 

手順②　上下を半分に分けるようにヨコ線を2本引く

手順④　左半分にタテ線を引いて分割する

手順⑥　緑ペンで必要な情報を記入する

		Q ?	
		A ?	
			3
		1	2
			3
		1	2
			3
		1	2

※ 詳細な活用法は第2章以降で解説しています

たった1つの「型」で様々な読書のニーズに対応!

「紙1枚！」読書法で使用する「1枚」フレームワークの書き方

手順①　「紙1枚」を用意し、緑ペンで十字を切るように線を引く

→

手順③　さらにヨコ線を4本引いて分割する

→　→

手順⑤　右半分には3行目からタテ線を引く

→　→

次ページにて、「目的」別の活用法とは？

本書で学べる読書法の１例

11/11 『ヘッセの読書術』	本と友達になるから 影響を受け始める	Q? ヘッセが考える「読書の本質」とは？	
畏怖の念、敬意、 理解しようとする忍耐	路上の石にゲーテを 見出すような読書	A? 本に敬意や愛情を抱きつつ、 「能動的」に読み、関わること	
賢明さと謙虚さを 育むもの	すべてのものと たわむれるような読書	なぜ選書した？ (Why?)	3 改めて、現代に通じる 本質を掴みたい
自主的に、自分の欲求と 愛に従って選ぶ	好き勝手読むからこそ より深く読める	1 読書本の古典	2 パーパス・リクエストの 原典的1冊
義務や好奇心では その場限りの刺激に	魔力的＝無限の世界が 広がっている	能動的の意味は？ (What?)	3 本に畏敬の念を抱く 感受性は育むもの
精神生活への貢献 (新聞やネットは…)	書かれたものは消える ＝対象の方が大事	1 能動的に自由に読むから こそ、深く読める	2 忍耐強く読むためには 意志が必要
秩序ある蔵書 ＝よろこびを生み出す	どう読むか以前に 本の愛好家であるか？	読書の悩みにどう活用？ (How?)	3 本質質問3: 能動的に読めているか？
ランダム読み ＜フォーカス読み	客観的な最良の書などない ⇒自身で見出す	1 本質質問１: そもそも本が好きか？	2 本質質問2: 敬意を感じ取れるか？

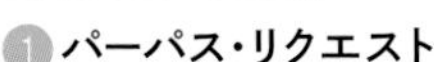

① パーパス・リクエスト

⇒「目的の達成」を最優先にした超効率的読書法

11/11 『読書する人だけがたどり着ける場所』	深みを感じられる力が 想造力の源泉に	Q? どうすれば、深い人生を生きられるか？	
ネット⇔読書 パッパッと⇔じっくり	知識を活かすには 全体像←例:図鑑など	A? 「読書」をすれば、「深み」にたどり着ける	
アテンション・スパン 8秒では消費的読書に	知識を活かすには 「文脈力」も必要	具体的には？	3 深みのある人格・ 人間的魅力
人生の深みは「体験」 によって形成される	知識とは、細胞分裂 ＝エクスポネンシャル的	1 深い思考力・想像力	2 深い洞察による コミュニケーション力
自分の頭をあまり 使わなくてもいい時代	予測読みやツッコミ読み が能動的読書に	なぜそう言える？	3 自分の頭で考え、人生 を歩んでいく力がつく
思考力、知識、 人格、人生が深まる	読書後の「対話」は ソクラテスからの営み	1 ネットより「深い読み」 ⇒集中力を鍛えられる	2 広さと深さを両立した 「深い学び」ができる
読書の醍醐味は スッキリ＆モヤモヤ	広さなくして深みなし: 両立可能	ではどうする？	3 クライマックスだけ でも音読してみる
音読だからこそ味わえる 感動がある	読書によって世界が、 毎日が楽しみで溢れる	1 予測しながら、ツッコミ を入れながら読む	2 自分の読みと他者 の読みを比べてみる

② マクロ・ダイジェスト

⇒ 本１冊を「紙１枚」でストック化する要約法

11/11 『世界史の教科書』	暗記科目じゃない	Q? 世界史、どう攻略すっかな？	
教科書はなぜ 分かりにくいのか？ 2	器＝フレームワークを 頭に入れる	A? まずは世界史に「串」を刺すこと	
あらすじが見えない	今、主役は誰か？ 脇役は誰か？	そもそもなぜ、従来の 世界史は眠い？	3 結局しんどい暗記
あらすじ＝ストーリー	桃太郎に年号はないが 流れは頭に残る	1 主語がコロコロ変わる	2 全体像が見えない
数珠つなぎにすれば 見せられる	年号はその後でOK	「串」って何？	3 年号は無視 (シン・ゴジラの例)
1 主語を統一すればOK	中東中心という 地理的な世界史観	1 主役となる国や人物を できるだけ固定	2 一貫した「ストーリー」 で学ぶ
3 年号は無視	前半:4つの地域史 後半:一体化する世界	で、どう攻略するの？	3
地域や年代が飛びすぎる	分岐点は大航海時代	1 この本を読む	2 YouTubeで見てみる

「数珠」は通じなさそう ⇒ 「串」で説明

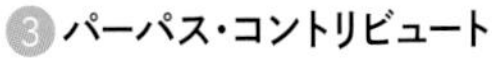

③ パーパス・コントリビュート

⇒「世のため人のため」に本を活かす他者貢献型読書法

理論的背景や他の活用例、詳細な実践法は本文にて

「本を読むことはあります。
ただ、積み上がってる感が正直ないんです……」
「毎回ものすごく時間がかかってしまい、
そもそも読書量を増やせません……」
「何日もかけて読んだのに、
最終的にはほぼ全て忘れてしまいます……」
「各読書体験がてんでバラバラなので、
学びがつながってくる感覚が得られなくて……」
「それに、人からどんな本だった？と聞かれても、
うまく説明ができません……」

「そもそも本の読み方を真剣に学んだことがないので、自分の読解に自信がなくて……」

「なので、本の感想を人に話すなんて、本音を言うと恐怖しかありません……」

「一方、アウトプットが大事とも言われているので、何とかしたいとは思うのですが……」

「読んでも自分ではよくわからず、結局、人の解釈を鵜呑(うの)みにするばかりで……」

「仕事や人生に活かせている手応えがなく、そんな自分に内心、自信が持てません……」

もし、本書の読書体験を通じて、
こうした悩みを根こそぎ
解消できるのだとしたら……。

まずは、次のページを開いてみてください。

PROLOGUE

プロローグ

READ FOR "DEEP DIVE"

リード・フォー"ディープ・ダイブ"

著者の浅田すぐると申します。まずは少しだけ、自己紹介を挿入させてください。

私の主な仕事は2つあって、1つは「社会人教育のプロフェッショナル」。企業研修や講演に登壇したり、自社で1年間のスクールやオンライン学習コミュニティの運営をしたりしています。これまでに1万名以上の受講者さんに恵まれ、大中小企業を問わず、様々なビジネスパーソンの方々と日々かかわらせてもらっています。

もう1つの柱は、「作家」としての仕事。これまでに8冊、いずれもビジネス書を上梓する機会を得ました。ただただありがたい限りですが、これまでに45万人以上の読者さんが、いずれかの拙著に触れてくれています。この場を借りて深く感謝申し上げます。

書籍を執筆する際の私のモチベーションは、ビジネスの現場から聞こえてくる、社会人受講者さん・読者さんの「生の声」に応えることです。プレゼンの悩みを多く見聞きすれば、伝え方や説明力の本を執筆し彼ら・彼女らに届ける。人生100年時代を踏まえた学び直しや独学へのニーズを感じ取り、学習法についての本を上梓したこともあります。

現代は、本が深く読めなくても何とかなる時代!?

冒頭で紹介した「読書に関するお悩み」は、日々仕事をしながら出会ってきた典型的なセリフを、そのまま活字にしたものです。机上の空想ではありません。もし何かしら感じるところがあったのだとしたら、それはどれも実際に発声された生々しい言葉ばかりだからです。

さらに具体化してみます。本を読む機会はあるものの、読書に関して「積ん読が多い」「最後まで読み切れない」「すぐに忘れてしまい、読んでも自分の知識や血肉になっていかない」といった悩みを抱えているビジネスパーソンは、どうやって日々を過ごしているのか。

今回は少し長めとなりますが、現代的かつ典型的なコメントを紹介させてください。

〝気になる本や仕事で課題図書等があった場合、自分で読んでも良く分からない時は、とりあえずYouTubeの書評動画を見てしまいます。

あるいは、時間がない時はvoicyやPodcast等の音声解説に頼るケースも多いです。動画じゃない方が移動中でも気軽に聴けるので、忙しくても何とか触れられます。

ただ、これだけだとピンとこないこともあるので……。その時はTwitterを見ます。最近は本の内容を図解してくれている人が多数いるので、ここで何とかなることも多いです。

それでも難しい場合は、諦めてようやく文章を読みます。とはいえ、本を直接読んでも正しく読めているか自信がないですし、すぐに眠たくなってしまうので……。アメブロやnoteにある書評ブログ等を参照してみます。

他力本願・他者依存なのは重々承知していますが、自身の読書力だけでは正直、時間的にも自信的にも余裕がありません……。とにかく、実態としてはこれで対処できるケースが大半なので、便利な時代を最大限に活用して毎回どうにか乗り切っています〟

さて、こうした心の声に触れてみた感想はいかがでしょうか。

「まるで自分のことのようだ」「これがうちの同僚や若手の本音か」「さすがにもう少し自分で何とかしようとはするかな」「そうか、こんな切り抜け手段もあるのか！」「本も読めんとはけしからん」「こんなことがまかり通るなんて世も末だ……」等々。

リアクションは様々だと思いますが、煎じ詰めれば、現代の社会人生活は要するに、

「**どこかの誰かが解説**」してくれるから、読書力が現状のままでも何とかなる時代

確かに、読書に関する能力を真剣に磨いていかなくても、働いていくこと自体は可能でしょう。であるならば、本を読むなんていう非効率で面倒な行為は、どこかの誰かに代行してもらえばいい。合理的に考えれば、そんな選択をする人が増えてしまうことも理解はできます。

ただ、これは同時に、次のように捉えることも可能です。

「**どこかの誰かなし**」には、「**自力で**」読書を仕事や人生に活かすことができない時代

先ほどのセリフは、時代に合わせて「うまく対処できている」のではなく、「何とか誤魔化(ごまか)せてしまっている」といった表現の方が、実態を描写する言葉として適切なのではないでしょうか。実際、さらに深く話を聴いてみると、次のような本音が返ってきます。

〝自力で本を「深く」読み解く力がないまま、社会人生活を送ってしまっている。今までは何とかなっているが、こんな日々ではまずい気がする……。いい加減、「浅い」読書しかできない人生から卒業したいです〟

「本をもっと多く、もっと深く読みたい、仕事や人生にも役立てたい」と感じているあなたのために、本書を書きました。

とはいえ、既にありとあらゆる切り口の読書法の本が出尽くしています。ただ、1つ気になることがあって、「読み手」の方は、読書に関して何らかの問題意識や悩みを抱いているからこそ、そうした書籍を手にするはずです。

一方、「書き手」の方はどうかというと、深い読解力を持つ筆者による本が多いため、「読み手」の方にも、それ相応の読解力を最初から求めてしまっているケースが少なくありません。

その結果、「いいから古典を読め」などといきなり無配慮に書かれていて、読む側が委縮(いしゅく)してしまう……。そんな読書体験を持つ人も、きっといるのではないでしょうか。

そもそも、独力では読み解けなくて困っている側面もあるわけです。博覧強記の著者による再現不能な読書歴を開陳されても、まず実践できません。「さすがに〇〇さんは凄いな」といった感想だけで終わってしまうでしょう。

こうした結果に陥らないためにも、本書では「**本を深く読めるようになりたいが、現時点では読書に関して何かしら課題があってもOK**」をスローガンに掲げて執筆しました。

「読書は苦手……」だからこそ読めるような本に

なぜなら、他ならぬ私自身が、そうした読書本を切実に欲していた1人だからです。

私は中学まで、読書が苦手でした。日本語自体は読めても、内容はすぐに忘れてしまう……。他の人の読み解きを見聞きするたびに、「どうして同じ文章を読んでいるのに、自分にはこういった深い読み方ができないのだろう……」と嘆いてばかりでした。

転機は受験で、その際にようやく「そうか！　読書ってこうやればいいのか」と感得する機会があり、大学進学以降はもう20年以上、年間３００〜５００冊以上のペースで本を読み続けています。

ただ、この話で大切なのはアフターではなくビフォーの方で、要するに私は「**読書に悩みを抱えている人達に理解・共感できる**」執筆者なのです。

「紙1枚」書くことで、読書は最強の自己投資になる

加えて、社会人になってから転機がもう1つありました。学生時代の私は「分かるか」「楽しいか」でしか本と付き合ってこなかったため、次のような悩みを抱えることになります。

いくら本を読んでも、仕事に活かせている実感がない……。

例えば会議で話題を振られたときに、「以前読んだあの本で学んだはずの内容なのに、全く思い出せない……」「相手に役立ててもらえるような本の解説ができなかった……」「何日もかけて丁寧に読んだのに、あの時間は何だったんだ……」等々。

あなたにも、同じような経験があるのではないでしょうか。

詳しくは第2章で紹介しますが、私自身は幸いにして、この悩みを「紙1枚」書くだけで解決することができました。その手法を公開したのが本書です。本1冊を、15分程度で「紙1枚」にまとめる。その過程で、あなたは次のような読書力を手にすることができます。

・読んだ本の知識を、脳やノートに末長くストックしておける

・本の内容を、人に分かりやすく伝えることができる
・読書で得た知見を、自分なりに解釈して仕事で実践していける
・目的の達成を最優先にした、超効率的な本の読み方ができる
・難解な古典であっても、仕事での活用が可能になる、等々

「分かる」「楽しい」だけの読書で満足するか。それとも、仕事や人生に「活かせる」「使える」「役立てられる」本の読み方を身につけ、現状の延長線上ではない未来を切り拓いていくか。


本を読んでも「分からない」が、「もっと分かる」ようになる。

本を読んでも「活かせない」が、「もっと活かせる」ようになる。

2つのビフォーアフターの転機となるような読書機会を提供する。これが、本書を通じてあなたが体験できることです。

他の読書本ではピンとこなかった人ほど、ぜひ最後まで読んでほしいと願っています。ベースラインとしては、このプロローグを理解できる程度の読解力があれば大丈夫です。それで最後まで読了できるよう、様々な工夫を施しました。

人によっては、「ここ数年ではじめて最後まで読み切れた本」「読み終わった後に仕事や人生

に活かせた本」「何年経っても読み返す機会があるような本」になるかもしれません。

実際、過去の拙著ではそうした感想を読者さんから多数もらってきました。年に100冊以上読むような読書家の方はもちろん、数年に数冊程度の読書量の人も、どうか臆(おく)することなく、この後の本文に進んでいってください。


最後に1つ、個人目線ではなく組織目線の話も少しだけさせてください。

もし、あなたが管理職の立場なのであれば、部下や同僚に本を薦めたことがあるかもしれません。その際、彼ら・彼女らはあなたが期待するような反応をしてくれたでしょうか。

本を深く読み、仕事に活かすといったことをしてくれたでしょうか。

もし、「そんな部下や同僚が増えてくれたらいいな」と感じているのであれば、ぜひ本書を渡してあげてください。今後、自身が影響を受けた本を紹介したり推薦したりする際に、もし相手が先んじてこの本を読んでくれていたらどうなるか。

以降はちゃんと、あなたの推薦本を深く読み込んでくれるようになります。相手の言動が変わり、感謝のメッセージを受け取るような機会も増えていくはずです。

「この本読んでおいて!」と気軽に言える組織を実現する本としても、本書は最適です。敢(あ)えてややこしい書き方をすると、「おススメ本を人におススメできるようにするために、最初にその人におススメする本」として、この本を読んでみてください。私が日々、新入社員や若手・担当者レベルの「プレイヤー層」と、「管理職・マネジメント層」の双方をカバーしながら社会人教育に携わっているからこそ、こうしたコンセプトに辿り着きました。「なんだかユニークな読書体験ができそうだな」と少しでも感じられたのであれば、引き続き本文も楽しんでもらえるはずです。

なお、このあとの第1章では、次の疑問を解消していきます。

なぜ、「本が読めなくても何とかなる時代」だからこそ、

私達はこれまで以上に「読書力」を磨いていく必要があるのか？

ヒントは、冒頭に掲げた「DEEP DIVE（ディープ・ダイブ）」です。ぜひ、「自分だったらこの問いにどう答えるか」思考整理してみたうえで、この後の「もくじ」ならびに「第1章」の最初のページへと進んでください。本文で再会できることを楽しみにしています。

第1部

「紙1枚」にまとめるだけで、読書は「忘れない」「実践できる」「説明できる」体験になる

DEVOTE（ディボード）

第1章

思考を深くする読み方とは?

オンライン時代だからこそ「ディープ・ダイブ」読書の勧め

何かをする時に一切のすべてをはっきりした気持ちでやる癖をつけなさいよ。
——中村天風 『成功の実現』

読書なんてめんどくさい!?

プロローグで紹介したビジネスパーソンの生の声を、もう少し追加させてください。特に2018年辺りから、次のようなセリフを見聞きする機会がまた一段と増えていきました。

「ビジネス書って、正直役に立たないですよね……」
「自己啓発書の内容は、どれも同じだと感じてしまいます……」
「本で得られる情報や知識は、もうネットで十分なのでは……」

昔からあるお馴染み（なじ）の意見ではあるのですが、現場感覚ではここ数年、さらに顕著になってきた印象があります。

一方、私は20代の頃、読書のおかげで仕事や人生の苦境を乗り越えるような経験を、何度もしてきました。2012年に独立して以来、10年にわたって事業を拡大・継続できているのは、間違いなく本を読む習慣のおかげです。

とりわけビジネス書は読みやすく、時間も大してかかりません。内容を実践し、問題解決や願望実現に役立てることが主目的ですから、書かれていることを素直に、あるいは試行錯誤しながら実行すれば、自ずと結果も出ます。

映画1回分程度の投資で、未来を切り拓き飛躍できる選択肢。それが読書です。

「本を読む習慣には可能性しかない」と日頃から感じているのですが、一方で「役に立たない」と軽視したり、そもそも「役に立つか」という観点で読書を捉えたがらない人もいます。

社会人学習の世界で今、どんな変化が起きているのでしょうか。

多くのビジネスパーソンと対話を重ねる中で、煎じ詰めれば、次のヒトコトに尽きるのではないかと考えるようになりました。


読書なんて、「めんどくさい」


第1章では、多くの読者さんが感じているであろうこの「本音」を、まずは直視します。

「読書に関して苦手意識がある、悩みがある」なんてオブラートに包んだ表現ではなく、「**あれもこれも読みたいけど、実際に読むのは大変で面倒だ**」という身も蓋もない剝き出しの表現から、この本をスタートしたいのです。

こうした「ビフォー」から、最終的には「めんどくさいかどうか」なんてどうでも良くなるくらい、読書に「**深く没頭**」できる。無我夢中で本と向き合っているうちに、気づけば様々な知見が血肉化し、それを活かすことで仕事やキャリア・人生が好転していく。

そんな「アフター」に至れるような体験を、これから提供していきます。

本よりも手軽な手段の登場

ビジネス書に限らず、「本を読んで」目の前の課題解決をはかる。願望実現に資する学びを得る。「本」を携えて、思い通りのキャリアや人生を切り拓くべく、自身を成長させていく。こういった「読書」を起点とした学習観自体が、かつてなく危機に瀕している時代……。

それが、現在の読書環境に関する私の認識です。

振り返ってみると、2010年代の前半5年間でスマートフォンがあまねく行きわたり、それに追随・連動するカタチで、動画によるオンライン学習が一般化していきました。

動画以外の選択肢としても、例えばブログ＝文字学習の世界では、アメブロだけでなくnoteが急拡大。Twitterには、図解を駆使した分かりやすい書籍紹介も溢れています。

加えて、目と耳が両方拘束されてしまう動画学習のデメリットに気づいた人達が、「耳メディアによるインプット」に活路を見出していく。そんな流れも生まれてきました。Podcast等を通じた音声学習自体は2000年代からありましたが、その位置づけが再考・再定義され、voicyやclubhouse等のボイス・テックも登場してきています。

前述のようなコメントが、ここ数年増えてきた背景。その答えをヒトコトで言えば、「読書よりも効率的なオンライン学習手段」が一般化したからなのではないでしょうか。

新しい選択肢の共通点は、本を読む行為に比べてとにかく手軽・気軽・簡単な点です。

スマホをネットにつなぎさえすれば、いつでもどこでも最短効率でその恩恵を享受できるわけですから、活用しない選択肢なんてあり得ません。

今の時代に読書力は必要か？

1つ、ハイライトとなるエピソードを紹介させてください。

以前、100名規模のとある読書コミュニティのイベントに登壇し、その後の懇親会に出席した時のことです。

講演の際、私は自身が活字中毒と言えるほどの読書好きであること。これまでに少なくとも1万冊以上は、ノンジャンルで渉猟（しょうりょう）してきたこと。本が、仕事や人生における様々な転機での活路になったことなどを話しました。ところが、懇親会で参加者から出てくるセリフは、前述のような読書を軽視した発言ばかりだったのです……。

「本でつながるコミュニティ」であるにもかかわらず、読書は数ある手段の1つといった程度の認識で済ませているビジネスパーソンばかりで、特別視・愛好しているような人はごくわずかしかいない……。これは衝撃的な体験でした。

プロローグに書いた通り、私は普段から、「自分ドリブン」ではなく「相手ドリブン」で学習コンテンツを開発しています。そのために日々、読者・受講者さんの言動をトコトン観察し、心の中で感じていることや考えていることを、できるだけ本質を射抜いて言語化する。そんな力を磨き続けています。

この時の体験は、次の10年を左右するほど重要だと直観したため、一部の受講者さんとその後も交流を続けました。

その結果が、次のような心の声です。あなた自身や、周囲の人達と重なるところがあるかどうかを考えながら、読み進めてみてください。

〃本は、デジタル学習に比べると、とにかく「非効率でめんどくさい」。
ただ、ビジネスで活躍している先人達を見ると、読書家も数多くいる。
実際、過去に偉い人・凄い人から、「本を読め」と力説されたことだってあるし……。
でも、実際に読み始めるとたいてい理解できないし、次第に眠くなってくる……。
色々忙しいのにこんな調子だと、時間がもったいないとしか正直感じない。
しかも大半はすぐに忘れてしまうし、仕事で活かせている手応えもない。

そんな自分を何とかしようと、講演会や読書会的なものに参加したこともあるが……。
どうやら他の参加者も、みんな五十歩百歩らしい。
有力な書評ブログや音声配信、教育系YouTuberの受け売りばかり。
それを話したりすることで、自分も分かったつもりになっているだけじゃないか。
みんなこの程度なら、今の時代もう読書力なんて高めなくていいのかもしれない……〟

読書は「面倒で非効率な手段」であり、もっと「効率的な学習の選択肢」は、他にいくらでもある。そう切り取れば、確かにその通りです。YouTube動画を見ている方が楽ですし、Twitterに掲載された図解を見て学習した方が、簡単に理解できて時間もかかりません。

はたしてこんな時代に、「読書力」なんて必要なのでしょうか。
ページをめくる前に、ぜひ自分なりの見解を考えてみてください。

読書の「ファスト思考」「スロー思考」

実際に時間を取り、思考整理してくださってありがとうございました。

なぜ、いきなりこんなことをお願いしたのか。

面倒だから「やらない、いらない、選ばない」という、一見すると当たり前としか感じられないこの判断基準について、あなたに再考を促してみたかったのです。

面倒だから「こそやる、必要、選ぶ」といった基準が、今の時代には重要なのではないか？

これが、本書の読書観です。めんどくさいから「読まない」のではなく、めんどくさいからこそ「読む」のです。この本質を理解してもらうために、1冊の本を紹介させてください。

『ファスト&スロー』
早川書房
ダニエル・カーネマン・著
村井章子・翻訳

原書のタイトルは『Thinking, Fast & Slow』。文字通り、私達の思考には「Fast＝速い思考」と「Slow＝遅い」思考の2タイプがある。書籍内でカーネマンは前者を「システム1」、後者を「システム2」に分けていますが、本書では意味内容を重視し、次のような解釈・表記も積極的に使っていきます。

「ファスト」思考＝システム1＝「とびつき」思考、「浅い」思考、「茫然（ぼうぜん）」思考
「スロー」思考　＝システム2＝「めんどくさい」思考、「深める」思考、「没頭」思考

このシンプルな2分類でこれまでの話を捉え直してみると、YouTubeの書評動画やvoicyの音声レビュー、noteの解説ブログやTwitterの図解投稿で済ませてしまうような行為は、いずれも「プロセス・カット」や「ショート・カット」をベースにした思考。すなわち、安易な道を選ぶ「とびつき」思考と言えるのではないでしょうか。

次から次へと情報が流れてくる時代です。「そうでもしないとやってられない」と言われれば全くその通りなのですが、だからといって楽な選択肢に飛びついてばかりの日々を過ごしていたら、一体どうなってしまうのか。

次のページに進む前に、自分なりの見解を考えてみてください。

「とびつき思考」が「考える習慣」を奪う

さて、今もう一度、「考えてみてください」といったガイドを出したわけですが、あなたは実際、どの程度「深く」考えてからこのページに進んでくれたでしょうか。そもそも「考えようとしてくれた」でしょうか。問われたそばから答えが気になってしまい、何も思考整理せず、あっという間にここを読み始めてしまったのだとしたら……。

ここまでに体験したことが、まさに「とびつき」思考の実例です。

「ファスト」思考は、「深く考えないで済ませられること」を好みます。この思考回路ばかりを働かせる日常は、次第にあなたから「考える習慣」自体を奪い、「深く没頭する思考について回避する回路」ばかりを強化してしまうのです。

オンライン学習が便利だからといって「デジタル完結」に浸（ひた）っていると、学習の量や費やした時間に反比例する形で、頭の中に残る学びは少なくなっていきます。「浅い」思考＝「システム1」は、省エネ志向を強化してしまうからです。

「必要になったら、また飛びつけばいいや」といったファストな態度自体を学習＆強化してしまうため、学べば学ぶほど、「頭に留めておこうとする回路」の方は弱体化していく。

その結果、費やしては消えていく「消費」的な学び方がデフォルトになっていくのです。

私は社会人教育の現場で、こうした状態を「**とび中＝とびつき中毒**」と表現したりすることがあります。「プロセス・カットばかりで、セルフ・カット＝自分まで空っぽになっていないか、中身なき茫然自失人間に成り下がってしまっていないか」と問題提起をするためです。「システム２」＝「没頭」思考と対比する意味で、「システム１」＝「茫然」思考と表記した理由は、他に飛びついてばかりで思考が浅くなってくると、「自分自身すら見失いかねないこと」に気づいてほしかったからです。

こうした内省機会を促すために敢えて極端な表現を選択していますが、会場の空気や参加者の表情を見ると、何かしら心当たりのあるビジネスパーソンは非常に多いようです。

今この文章を読んでいるあなたの感想は、いかがでしょうか。以前、「とび中」の話が強烈に響いた受講者さんから、次のようなメッセージをもらったことがあります。

「こんなにも色々学んできている」のに、
なんで「こんなにも積み上がってる感がない」のだろう……。

この「積み上がってる／積み上がってない」といった表現もまた、ここ数年非常に見聞きする機会が増えたフレーズの１つです。だからこそ、こうした感覚の正体について、ここまで言語化を試みてきました。知らず識らずのうちに「めんどくさい」思考・「深める」思考・「没頭」思考である「システム2」を回避し、「システム1」ばかりで学んでしまっていないか。

なぜ、知識が積み上がらないのか

この問題意識を、今回のテーマである「読書」に当てはめてみます。

・本を読んでいると、途中で眠たくなる……
・最後のページまで辿り着けない、薄っぺらい読み解きしかできない……
・何とか読めたとしても、ほとんど全て忘れてしまう……

等々。以上のような読書にまつわる典型的な悩みの根本原因は、

「ファスト」思考だけで、本を読もうとしているから

あなたは、本を読んでいて次のような自分と遭遇したことがあるでしょうか。「深める」思考のプロセスをすっ飛ばして、すぐに正解を知ろうとしてしまう。

答えが出ない「スロー」な状況、「めんどくさい」状態に長時間耐えることができない。論旨を追いかけながら自分なりにあれこれ考えようとすると、「没頭」モードに入る前に、さっさと脳がギブアップしてしまう、等々。

オンライン学習という便利な環境を受け入れたことで、知らぬ間に「めんどくさい」思考・「深める」思考・「没頭」思考を弱体化させてきてしまった。その結果、どんどん読解力が低下し、本を読む行為自体が億劫(おっくう)になってきているのだとしたら……。

第1章のテーマである「なぜ、今こそ読書なのか」について、そろそろ答えが掴めてきたのではないでしょうか。

人生や仕事に活かせる本との付き合い方とは？

もう少しだけ説明を続けさせてください。

近年、『AI vs. 教科書が読めない子どもたち』といったベストセラーでも提唱されてきた通り、「読解力の低下」が叫ばれています。

『AIvs.教科書が読めない子どもたち』
新井紀子・著
東洋経済新報社

この本は学生を対象にしていますが、社会人教育の現場も同様というのが私の認識で、その理由は「ファストな読解」しかできなくなってきているから。

そもそもビジネスは、答えのない世界です。浅いレベルの読書やオンライン学習で得られるような答えは、ヒントや参考程度に留まる場合がほとんどです。

「深く考える」材料の1つとして活用したり、「面倒」でも行動しながら自身のケースに当てはめてみたりする。すると、どこかで「没頭」状態に入れる瞬間があります。そうやって「無我夢中」で取り組むからこそ、ようやく突破口も見出していける。

これが、仕事や人生に活かせるような本との付き合い方なのではないでしょうか。

その分岐点は「システム2」をどれだけ稼働できるかにあるのですが、デジタル環境はどうしても、私達を「スロー」ではなく「ファスト」な世界の方に誘引してしまいます。

「とびつき」思考・「浅い」思考・「茫然」思考は、答えが出ない状況への耐性がありません。

したがって、すぐに白黒つけようとしてしまう表層的な読みに傾きがちです。シンプルで、極端で、分かりやすいメッセージばかりを求め、それだけで良し悪しを判断してしまう。

少しでもややこしい話になると「ファスト思考」が拒否するため、一度スタンスを決めたらもうそこから動こうともしない。都合の良い話ばかりを仕入れ、ますます意見を固定化させてしまう。固執した個人達が集まった社会で起きる問題こそが「分断」であり……。といって、まだまだ時代認識レベルで書きたいことは尽きませんが、そろそろ「読書」に戻ります。

とにかく、これでもう十分に分かってもらえたはずです。

私達を取り巻く現状を踏まえたうえで、どうすれば読書に関する様々な悩みや課題を改善していけるのか。最も本質を突いた一騎当千の処方せんは、「ファスト」読書で済ませようとしてしまう自分からの脱却です。「スロー」読書、すなわち、

「めんどくさい」思考・「深める」思考・「没頭」思考を働かせるつもりで本を読む

これが、オンライン学習全盛時代における読書の最大の意義であり、そのために必要な「本質的な理解」と「具体的な実践機会」を、本書を通じてあなたに体験してもらいます。

「紙1枚」が「スロー思考」のトリガーになる

具体的には、**「1枚」フレームワーク®**という独自開発したビジネススキルを活用します。

- 「紙1枚」書くだけで、頭のごちゃごちゃを思考整理できる
- 「紙1枚」書くだけで、分かりやすく説明・プレゼンができる
- 「紙1枚」書くだけで、時間管理・優先順位づけができる
- 「紙1枚」書くだけで、問題発見・問題解決ができる
- 「紙1枚」書くだけで、「ビジネスモデル」を構築できる
- 「紙1枚」書くだけで、仕事や人生に活かせる「学び」ができる、等々

この10年あまり、様々なビジネスパーソンの多種多様な悩みを、「1枚」フレームワークで解決し続けてきました。本書では、この手法を読書に応用していきます。

そもそも、なぜ「紙1枚」なのか。

そのメリットは大量にありますが、この段階で1つだけ挙げるとすれば、「**手軽に、気軽に、スロー思考を鍛えられる**」点です。脳内完結ではなく手を動かしながら書き、「紙1枚」にまとめることを通じて、誰もが「深く考える」機会を持つことができる。

実際、頭の中だけで、あるいはデジタル完結で、あらゆる思考整理を何とかしようとするには限界があります。コロナ禍以降、テレワークの機会も急速に増えてきました。デジタル完結での仕事を強いられた経験を持つ読者さんも増えていると思いますが、普段通りに業務遂行できているでしょうか。

ろくに資料も作らずにオンライン完結でコミュニケーションに臨んだ結果、自分でも何を考え、何を話しているのか良く分からなくなってしまった。あるいは、相手が何を言いたいのか理解できなかった経験をした人も、数多くいるはずです。

そんな時、もし「紙1枚」書いてみるだけでリカバリーができるのだとしたら、どうでしょうか。道具がたくさん必要だったり、手順が何ステップもあったりするような手法では、習慣として採用するには煩雑です。

一方、「1枚」フレームワークは紙とペンさえあれば、誰でも簡単にはじめの一歩を踏み出すことができます。毎回3ステップ程度で実践できるため、フリーズすることも、頭が真っ白になることもありません。

ただ、紹介時のニュアンスは、少しずつ変わってきています。2010年代は、「紙1枚」書く「だけ」だったら、いいと思いませんか？

といった言い方をし、それで誰もが「そうですね」と反応してくれる時代でした。

一方、今はもう令和です。デジタル全盛の現在は、

「紙1枚」書くこと「すら」、面倒だと感じられてしまう時代

だからこそ、私は今回、「なぜ、めんどくさいことを回避してばかりいるとまずいのか」について肚落ちしてもらうところから、本書をスタートしました。加えて、プロローグで「DEEP DIVE（ディープ・ダイブ）＝深める」がヒントだと書いておきましたが、それが「システム2」＝「深める」思考を働かせる意味であることについて、本章前半では敢えて明記しませんでした。後半まで引っ張った理由は、この章の読書体験自体を、あなたの「ファスト／スロー」度合いの体感機会にしてほしかったからです。実際、どんな気づきがあったでしょうか。

もし、「このままだと、何もかもプロセス・カットした底の浅い茫然自失人間に堕落してしまいそうです……大して何にも没頭できないまま、読書ライフも人生自体も終わってしまいかねません……どうにかしてファストでない読書、深めていける思考回路を取り戻していきたいです」と感じてくれたのであれば……。

そんなあなたに向けて、次のような提案をしたいのです。

まずは、「紙1枚」書くこと**「くらい」**から、「スロー」思考を再稼働しませんか？

「深める」読書をするために、そこまでは最短距離で

本書で学ぶ「紙1枚」にまとめる読書法は、決して「システム1」を強化する技術ではありません。敢えてややこしい書き方をすると、

「めんどくさい」思考を鍛えられる、最も「めんどくさくない」読書法

大変であれば何でも良いわけではありません。

淡々と、有効な動作を積上げていく。ただし、時間的にも体力的にもリソースが限られる以上、できるだけ「意味のある努力」を選択しなければなりません。

この本に懸けてもらう価値があるとしたら、それは「どうやって実践するか、身につけるか」、すなわち「読後の努力への眼差(まなざ)し、手厚いケア」の部分です。

「スロー」思考を働かせるためには、**「やる気や根気などの熱気＝エネルギー」**が欠かせませ

ん。そこで、実践時に没頭できるよう、その前段階である「あとはやるだけ」となるところまでは、トコトン最短距離を追求しました。

どうかこの点を誤解しないでください。本書は厳密さより明解さ重視で構築してあるため、「ファスト」思考レベルでも十分に読めてしまいます。実践についても、「紙1枚」書くといった文字面（づら）だけを見れば、いかにもショート・カットできそうだと感じてしまうでしょう。

だからといって、「システム1」だけで本書を読み終えた人は、おそらく読後に何もしてくれないはずです。消費の対象として捉えてしまったら最後、実践は言うに及ばず、理解した内容もほとんど全て忘れてしまうでしょう。

逆に、「めんどくさい」思考や「深める」思考、「没頭」思考を鍛えるつもりで本書と付き合ってくれるのであれば、読後に手を動かし、実際に「紙1枚」を書いていけるはずです。

今後の各章は「理解」フェーズと「実践」フェーズで構成されていますが、いずれも難しいポイントは一切ありません。全ては、読後に「余力を残す」ため。エネルギーレベルが高いまま、「あとはやるだけ」状態にあなたをガイドするための配慮です。

良薬は、取り扱いを誤ると毒薬にもなり得ます。本書の処方せんを、「とびつき」思考や「浅い」思考、「茫然」思考をさらに加速するために使ってしまうのか。

それとも、「めんどくさい」思考や「深める」思考、「没頭」思考を改善するために役立てるのか。あなたが、後者を選択してくれることを切に願っています。

「紙1枚」にまとめる読書法、興味は湧いてきたでしょうか。

次章では、この技術の理論的背景やフレームの書き方・使い方を解説していきます。

ただ、その前に。

各章の最後に、「章まとめ&ブック・ガイド」のコーナーを設けておきました。通常は参考文献として巻末に記載されているものを、読書本らしく、章のまとめをしながらより積極的に紹介する目的で配置しています。これから発展的に読んでほしい本を多数ピックアップしましたので、学んだ内容を復習しつつ、今後の選書リストに加えていってください。

第1章のまとめを兼ねたブック・ガイド

本章では「今の時代環境に必要な読書力とは?」を軸に、読書という行為そのものについて再考する機会をもってもらいました。

参考文献の筆頭はもちろん、本文で挙げた『ファスト&スロー』なのですが、本書で「システム2」を「めんどくさい」思考、「システム1」を「とびつき」思考と言い換えた着想は、次の本から得ました。

『ネガティブ・ケイパビリティ 答えの出ない事態に耐える力』

朝日新聞出版
帚木蓬生・著

タイトル通り、「白黒がハッキリせずスッキリしないような、ファストでない状態を許容する力」について書かれた本です。

この本を読みながら、「ネガティブ・ケイパビリティ」と「システム2」が、「めんどくさい思考から逃げない」といったフレーズでつながり、「とびつき」思考や「とび中」の概念にも発展していきました。

「非効率＝悪」の感覚が自分は強いかもと感じる人ほど、ぜひ読んでみてください。

加えて、「深める」思考や「没頭」思考については、次の本がソースです。

『フロー体験入門―楽しみと創造の心理学』
世界思想社
M.チクセントミハイ・著
大森弘・監訳

本書では「フロー」を「没頭」と言い換えておきました。第1章の章扉に付記した「DEVOTE」という単語も、「没頭」の意味で使っています。

「フロー」をそのまま使わなかったのは、あまり特別視せず、もっと日常的な話として捉えてほしかったからです。現代は没頭することが難しい「環境」なので、もっと気軽に、熱中でなくとも何かしら集中できる対象についてまずは考えてみてほしい。そうした意図をこめて、「フロー」思考ではなく「没頭」思考と表記することにしました。

面倒を厭(いと)わずに能動的に取り組んでいると、次第に我を忘れて取り組むことができるようになる。『ファスト&スロー』でも「フロー」の話は出てきますが、「没頭」状態がピンときていない人ほど、この本もぜひ読んでみてください。

それと、『ファスト&スロー』に関して、この場で1つ、想定される誤解を予(あらかじ)め解いておきたいと思います。

本章では「システム1」について、かなり否定的に書いてしまいました。これは、「システム2」が今の時代には重要というメッセージを際立たせるために、敢えてやったスタンスです。

実際には、「システム1」なくして、私達は生きていくことなどできません。むしろ、進化の過程で「システム1」を発達させて生き残ってきたのが、今の人類です。「とびつき」思考をなくせ！などと言っているわけでは決してありません。

一方で、デジタル全盛の現在をただ漫然と生きているだけでは、プロセス・カットを好む「浅い」思考がどんどん強化されていってしまいます。「ネガティブ・ケイパビリティ」とは真逆の、「ポジティブ・ケイパビリティ」が奨励されるような時代です。よほど意識的にならないと、「深める」思考や「没頭」思考を鍛えるどころか、その世界を認識することすらできません。

かつては「読書」くらいしか選択肢がなかったこともあり、「システム2」を鍛える時間が、今と比べれば潤沢にありました。ところが、とりわけスマートフォンが登場して以降は、壊滅的に難しい「環境」になってしまっています。

こうした問題意識で『ファスト＆スロー』を読めば、「深い」思考を能動的に働かせることもできるはずです。分厚い本のため、それこそ「めんどくさい」と感じる読者さんもたくさん出てくると思うので、この話が有効な補助線となれば幸いです。

ここまで何度か、「環境」とカギカッコ付きで書いてきました。

この観点でもう1冊、次の本も紹介させてください。

『FULL POWER 科学が証明した自分を変える最強戦略』
サンマーク出版
ベンジャミン・ハーディ・著
松丸さとみ・訳

タイトル通り、「どうすればフルパワーを発揮できるか?」について書かれた本ですが、一気に答えを書いてしまうと、その本質は「意志よりも環境」です。

本文でも触れた通り、「めんどくさい」思考や「深める」思考、「没頭」思考を働かせるには、「快活なエネルギー」が必要です。疲労困憊(こんぱい)の日々では、どうしたって省エネで済ませようとする「とびつき」思考が優位になってしまいます。

仕事や人生に活かせる読書において、「疲れていないか?」は決定的に重要な問いです。どうか、「やってやるぞ!」といった意志だけで、何とかしようとしないでください。まずは「活力マネジメント」が先です。そのためにも、ストレスフルな環境を避けたり、エネルギーをチャージしたりできるような「環境マネジメント」を重視しましょう。

この点で特効薬になるのが、「デジタル制限」です。

『FULL POWER』にも記載はありますが、こちらのベストセラー本もぜひ。

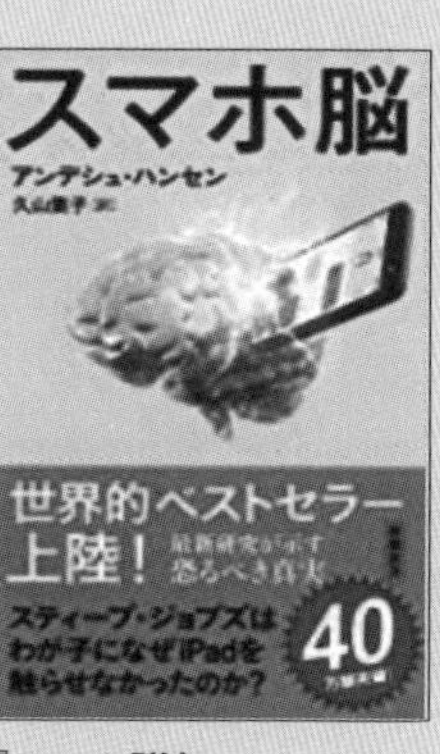

『スマホ脳』
新潮社
アンデシュ・ハンセン・著
久山葉子・訳

いずれにせよ分かってほしいことは、「浅い」思考ばかりになってしまっている現状の自分を、どうか否定しないでほしいのです。それは、あなた自身のせいではありません。

あなたを取り巻く「環境」が、あなたを茫然自失に誘導していると捉えてみてください。

だからこそ、いつからでもアップデートはできます。環境を整え、エネルギーのロスを減らせれば、「システム1」に抗う読書は、これからも十分に習慣化可能です。

最後にもう1冊、重要な本を選書させてください。

『デジタルで読む脳×紙の本で読む脳：「深い読み」ができるバイリテラシー脳を育てる』
インターシフト
メアリアン・ウルフ・著
大田直子・訳

この本のテーマは、学術的な実験結果をベースに、「紙の本」と「電子書籍」による読書体験の違いを明らかにすることです。

タイトルにある「深い読み」は「紙」書籍の方がやりやすく、ここでもデジタル一辺倒の弊害が指摘されています。ただ、だからといって「紙の書籍だけを読もう」とはなりません。同じくタイトルにある通り、「バイリテラシー＝両方とも重要」が、この本のスタンスです。

ただし、紙媒体でデジタル的な「浅い読み」をやるのは簡単ですが、デジタル媒体で紙媒体と同レベルの「深い読み」を実践するのは、極めて難しくなります。

第1章を読み終わった読者さんの中には、別に本にこだわらず、デジタルの学習媒体で「システム2」を鍛えればいいのではないかと感じた人もいたと思います。ですが、デジタル媒体はそもそも「深める」思考に向いていないのです。

紙の本の読解を通じて「スロー」思考のトレーニングを十分に積んできた人であれば、デジタル媒体でも「ファスト」思考オンリーには陥らないで済む。まさに「バイリテラシー脳」となるわけですが、あなたの読書力は、この水準に到達しているでしょうか。

読書本の著者の中には、「電子書籍も紙書籍も関係ない」といった意見の人もいるようですが、それはその人が博覧強記の読書家だから平気なのです。

これまでに大量の紙書籍を渉猟し、「システム2」を鍛えてきた豊かなアナログ読書体験があるからこそ、電子媒体でも遜色（そんしょく）なく読み解くことができる。この前提を踏まえずに、「やっぱり読書は電子書籍オンリーでいこう」などとなってしまうのは、少なくとも「ファスト読書からの脱却」を目指す本書の目的からは、著しく遠ざかる行為です。

もし、あなたが「システム2」に自信あり！と自任する読者さんなら、デジタル媒体も存分に組み合わせてもらって構いません。ただ、本書は読書力に課題を感じているビジネスパーソンに向けて書いていますので、基本的なガイダンスとしては、「紙」媒体での読書習慣を推奨するスタンスで書いていきます。

「このデジタル完結の時代に何を言っているんだ」と感じた人もいると思いますが、「バイリテラシー脳」が育まれていない状態で、はたして「デジタル完結」状態への対応など本当にできるのでしょうか。

「浅い読み」と「深い読み」。本書の言葉で言い換えれば「とびつき」思考と「めんどくさい」思考を、縦横無尽に切り替えられること。この点に確固たる自信がないのであれば、本書で提示するアナログの手法にも、どうか心を開いてほしいのです。
オープンマインドで、次章以降も読み進めていってくれることを願っています。

1シート
1SHEET

第2章

「紙1枚!」フレームワーク

書くだけで「忘れない」「実践できる」「説明できる」知識になる

私の命が助かったのは、あの日曜日に、机に向かって自分にとって残された手段をあれこれと書き記したためであり、それぞれの手段から生じる結果を文字にして、冷静に決断したためにほかならない。

——デール・カーネギー『道は開ける』

図 1-1 「紙 1 枚！」読書法で活用するフレームワーク

11/11 「本のタイトル」		Q?	
		A?	
			3
		1	2
			3
		1	2
			3
		1	2

赤：——　緑：——　青：——

「紙1枚」にまとめる読書法のベースは、「1枚」フレームワークという独自のビジネススキルです。本書では、図1－1のように読書用にカスタマイズした特別な「型」を用意しましたので、これからその考え方・書き方・使い方を学んでいきましょう。

ただ、その前に。「1枚」フレームワーク自体の説明を一切省いてしまうと、読書以外のポイントで躓きかねません。そこで、この技術について理解しておいてほしいポイントを、最低限に絞ってこれからクイック・ガイドしていきます。私の過去の本を通じて、既に理解も実践もある程度できている人は、前半の理解パートは斜め読みレベルでも構いません。

考え抜ける！　トヨタの「制約」思考

「1枚」フレームワークは、私がサラリーマン時代の大半を過ごしたトヨタ自動車株式会社（以下トヨタ）で、日々作成していた「紙1枚」資料をルーツとした手法です。トヨタには、仕事上のコミュニケーションを「紙1枚」にまとめて行う企業文化があり、これがムダのない、効率的な仕事の仕方につながっていました。

なぜなら、「紙1枚」にまとめる過程で、自身の担当業務について徹底的に「考え抜くこと」ができるからです。「この仕事における本質的な課題は何か？」「そもそも何のためにこの業務をやっているのか？」「プロジェクトを実現するうえで最大のポイントは何なのか？」、等々。

あれもこれも資料に盛り込むことができないからこそ、コアとなる部分を突き詰めて働くようになっていきます。その結果、最終的には資料作成機会の有無に関係なく、あらゆる場面で「深める」思考をベースにした言動ができるようになってくるのです。

たとえ資料が手元になくても、「紙1枚」レベルの思考整理を脳内で瞬時に行い、適切な言葉を放つことができるようになる。何を聞かれても当意即妙な応答が可能になってくる。一挙手一投足に、意図や意志をこめて行動することができる。

トヨタにいた頃も辞めてからも、仕事をしていると頻繁に言われるセリフがあります。「トヨタの人達は本当に深く考えて仕事をしていますね」「なんでそんなに言語化能力が高いのですか」「普段から考え抜いているからこそ、言動にも仕事にもムダがないのですね」、等々。

「紙1枚」にまとめるという資料作成上の「制約」が、日常的にこうした力＝「スロー」思考を高めることに寄与しているのです。

図 1-2　トヨタで作成していた「紙 1 枚」資料の例

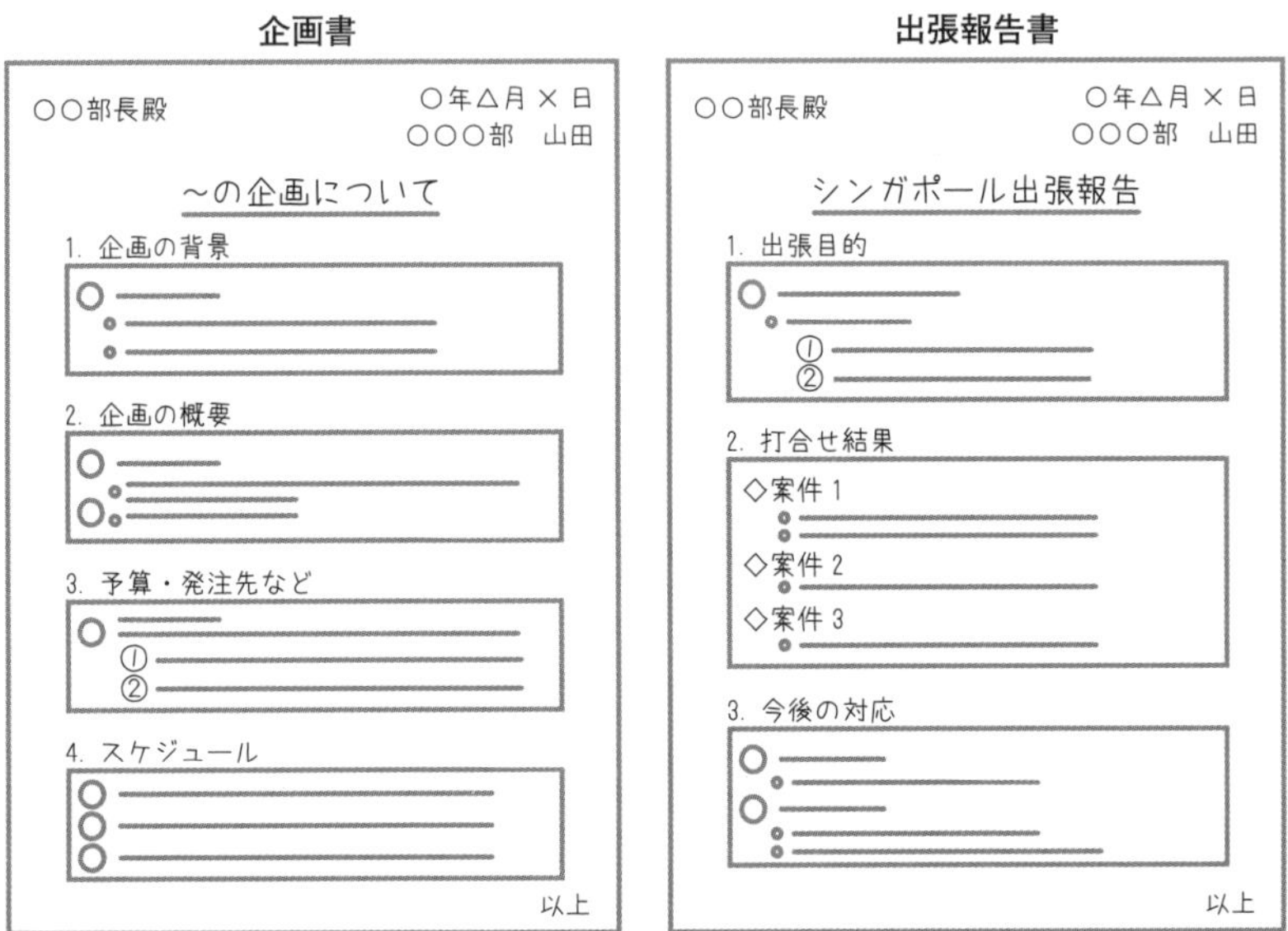

企画書

○○部長殿

○年△月 × 日
○○○部　山田

〜の企画について

1. 企画の背景

2. 企画の概要

3. 予算・発注先など

①
②

4. スケジュール

以上

出張報告書

○○部長殿

○年△月 × 日
○○○部　山田

シンガポール出張報告

1. 出張目的

①
②

2. 打合せ結果

◇案件 1
◇案件 2
◇案件 3

3. 今後の対応

以上

問題解決

○○部長殿

○年△月 × 日
○○○部　山田

業務の進め方の見通しについて

1. スケジュール

①
②

2. 現状把握

課題	課題点	詳細
①		
②		
③		

3. 目標の設定

4. 真因分析

5. 対策立案

①
②
③

6. 実施結果

7. 今後に向けて

①
1
2
②
③

これを読書に応用すると、どんなメリットがあるのか。

例えば、本の内容を「紙1枚」レベルにまとめる過程で、書籍のテーマやメッセージについて「考え抜くこと」ができます。たとえ「面倒」であっても、「没頭」し、「深める」思考を通じて考え抜いたことは、早々簡単には「忘れません」。

結果、必要な時に瞬時に「思い出し、仕事や人生に活かすこと」ができます。

また、端的にまとめてあるからこそ、本の内容を「人に分かりやすく説明すること」も可能です。加えて、こうした読書体験を続けていけば、次第に「紙1枚」にまとめなくても、本を読みながら同レベルのことが脳内完結でもできるようになっていきます。

これがまさに、「仕事や人生に本を活かせている人達が長年の読書を通じて辿り着いている世界」であり、「紙1枚」書くだけでそこを目指せることこそが、本書の醍醐味です。

「紙1枚」資料を繰り返し作成する過程で、「めんどくさい」思考・「深める」思考・「没頭」思考を鍛えていく。最終的には、資料を作っていない場面でも、すなわち「紙0枚」状態でも、頭の中だけで「スロー」思考ができる状態になっていく。

これがトヨタの「紙1枚」文化の本質であり、20代の頃に、あるいはデジタル完結の時代が本格化する前に、こうした能力を磨く機会に恵まれたことは、その後の自身のキャリアにおいて決定的だったと強く感じています。

もし、新卒からいきなり「紙0枚」状態の職場環境に放り込まれ、高度な思考整理力や、それに基づくコミュニケーション力・行動力等の発揮を求められたとしたら……。デジタルデバイスしかない環境で、一体どうやって「システム２」を鍛えていったら良いのか……。

本書は読書本なのでこれ以上深入りはしませんが、読書や学習のデジタル化同様、仕事のデジタル化もまた、本質を見失うと「とびつき」思考・「浅い」思考・「茫然」思考のまん延につながりかねません。薄っぺらい仕事、浅薄なコミュニケーション、浅はかな行動、等々……。

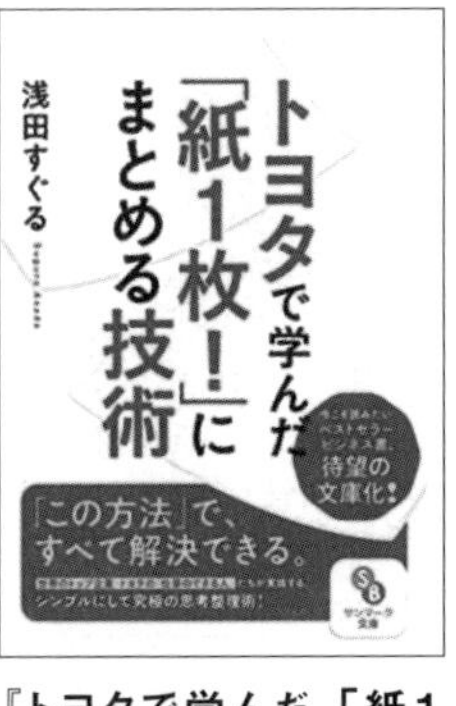

『トヨタで学んだ「紙１枚!」にまとめる技術』
サンマーク出版
浅田すぐる・著

もし、デジタル化の進展によって「雑な仕事」をする人が増えてきている、そんな課題認識があるのであれば……。２０２１年に文庫化された右記拙著も読んでみてください。

「読めない」「読んでも忘れる」がなくなるカギ

とり急ぎ本書を理解・実践していくうえで、あなたと私の間で共通了解にしておきたいポイントは、次の１点だけでOKです。

「紙1枚」の本質＝「制約」を活用した「システム2」の発動

デジタル化の進展により、「浅い」思考だけでも大半のことが済ませられる時代です。

だからこそ、「紙１枚」にまとめる技術を通じて、「システム２」を少しずつ取り戻していってほしい。そうすれば、「本が読めない、読んでも忘れてしまう、人に聞かれてもうまく説明できない」といった悩みは、全て解消していきます。

ただ、くれぐれも勘違いしないでほしいのは、未来永劫ずっと「紙１枚」にまとめる読書をしようと言っているわけではない点です。

「紙１枚」による「スロー」思考のゴールは、「紙０枚」。すなわち、デジタル上や何も書けない状態でも、紙媒体と遜色ないレベルのパフォーマンスが発揮できること。

第１章で学んだ言葉を使えば「バイリテラシー」。ここが、２０２０年代のカギなのです。

「紙1枚」を実現する「3つの制約」とは？

では、実際にどうやって「紙１枚」にまとめていくのか。

その本質的要素は、次の3つの「制約」に集約されます。

1 「枠＝フレーム」という「制約」を活用する
2 「What?」「Why?」「How?」を「制約」として活用する
3 「ポイント3つ前後」を「制約」にして活用する

58ページで紹介したトヨタの「紙1枚」資料を、もう一度眺めてみてください。改めて観察してみると、いずれの資料も「枠＝フレーム」で囲われていることに気がつくはずです。

今でも私は資料作成時、文章ではなく「枠」を作成することからスタートします。空っぽの「フレーム」を何個か作っておくと、何とかして枠内に収めようといった意識が、自然と強くなるからです。「紙1枚」だけでなく「枠内に収めること」を、更なる「制約」にしてしまう。そうすることで、「深める」思考をより意図的に促していくのです。

加えて、心理的にも見逃せないポイントがあって、人には「空白を見ると埋めたくなる」性質があります。私は今、4歳児と2歳児の子育てをしながら本書を執筆していますが、子供達の行動を見ていても、「シールを空白のページに貼る」「ボールを持つと、どこかの隙間に投げ込む」「トンネルを見つけるとテンションが突然マックスになる」、等々。

心理学や脳科学の知見を持ち出すまでもなく、彼らの行動を見ていると「穴＝空白＝ブランクを見ると放ってはおけない」は、十分に本質を突いているように感じます。

今後もし、頭がゴチャゴチャして考えがまとまらない状態に陥ってしまったとしたら……。「紙1枚」に「枠」を書いて、埋めながら考えてみる。

このシンプルな動作を、気軽にやってみてほしいのです。たったこれだけでも、リカバリーやブレイクスルーの体験は十分にできます。ぜひ体感してみてください。

3つの疑問で、読書が深まる、まとまる、伝わる

2つ目のポイントは、「何について」枠内を埋めていくのか。すなわち、「テーマ」設定についてです。トヨタで日々「紙1枚」資料と格闘する中で、結局は「3つの疑問を解消するため」にどの資料も構成されている。そうした本質に、次第に気づいていきました。

「3つの疑問」とは、「What?」「Why?」「How?」の3種類。これは、「問題解決」の例が一番分かりやすくて、例えば次の通りとなります。

・「具体的にどんな」問題が起きているのか？（What?）
・「なぜ」この問題が起きたのか？（Why?）

・「どうやって」この問題を解決するのか？　（How？）

さらに、この「3つの疑問」は、問題解決以外の様々なテーマにも当てはめることが可能です。いくつか例を挙げておきます。

・企画書：
企画の概要（What？）、企画の目的（Why？）、実現に向けて（How？）
・議事録：
会議の開催理由（Why？）、決定事項（What？）、今後の対応（How？）
・キャリア面談：
今後どうしたい（How？）、その理由（Why？）、過去の経験は（What？）

これを例えば、「読んで何が響いた（What？）」「なぜ響いた（Why？）」「どう活かす（How？）」といった問いに変換すれば、そのまま読書にも応用することができるわけです。

いずれにせよ、こう捉えてみると、誰もが見聞きしたことのある「5W1H」のフレームワークは、実は2つに分けられることに気がつきます。

すなわち、ここに登場しない「いつ：When?」「どこで：Where?」「誰が：Who?」は、「What?」「Why?」「How?」を具体化する際に用いる別カテゴリーの疑問詞。そう捉え方を変えてみてほしいのです。

すると、「5W1H」を6つ同時に検討して使いこなす必要がなくなります。まずは、「What?」「Why?」「How?」の3つに習熟する。

ここが先決であり、各疑問を具体化する際には、「When?」「Where?」「Who?」の疑問詞、すなわち「時間」軸・「空間」軸・「人」軸も必要に応じて活用する。

こうやって、6つではなく「3つずつ」に分けて頭に入れておくと、格段に覚えやすく、また実践の際に意識もしやすくなると思うのですが、いかがでしょうか。

読んでも忘れない読書は「3」への関心から

先走って書いてしまいましたが、これが3つ目のキーワードである、

「ポイント3つ前後」を「制約」にして活用する

の意味です。なぜ、多少強引であっても、いったん「What?」「Why?」「How?」の「3つだけ」に絞っておきたいのか。

身も蓋もない理由ですが、ポイント6つだと「思い出せないから」です。記憶から瞬時に引き出せないと、いざ行動したいと思った時に意識ができません。「仕事に活かす」観点を重視して考えるならば、「要素はせいぜい3つ前後」を徹底する。「何を当たり前のことを言っているんだ」と感じた人も多いと思いますが、社会人教育に10年近く携わって分かったことは、これを実践できているビジネスパーソンが極めて少ないという実態です。

1つ、例を挙げさせてください。例えば、あなたがもし、『7つの習慣』を読んだことがあるのであれば、質問です。

「7つの習慣」について、全て言うことができるでしょうか。今すぐ試してみてください。

『7つの習慣』
キングベアー出版
スティーブン・R．コヴィー・著
フランクリン・コヴィー・ジャパン・訳

受講者さんにこの質問をすると、答えられる人はほぼいません。最も有名な名著の1つだと思いますが、千人に1人レベルの正答率が実体なのです。

一方、もしこれが「3つの習慣」だったら、結果は変わってくるのではないでしょうか。実際、『7つの習慣』自体も、実は「3つ」に分けてくれています。「私的成功（第1・2・3の習慣）」、「公的成功（第4・5・6の習慣）」、そして「刃を研ぐ（第7の習慣）」の3分類なのですが、この「3つの器」を先んじて頭に入れている人もまた、残念ながらほとんどいません。

いきなり「7つ」の方で覚えようとするから、結局ほぼ全てを忘れてしまうのです。『7つの習慣』自体が「3つ」に分けて提示してくれているにもかかわらず、「自分達が覚えられるのはせいぜい3つ」といった認識が弱いせいで、「3分類」の方を軽視してしまう。

どうか、**「分かっているか」ではなく、「実践できているか」**でこの話と向き合ってください。

「身につけたい」なら、「大全」よりも「厳選」

もう1つ、今度はビジネス書の書き手として気になっていることを書かせてください。

大半の読者さんが、「ポイント3つ」を軽視した結果、本の内容をほとんど忘れてしまう日々を繰り返しているわけですが、その一方で……。

ここ数年、「●●大全」「●●図鑑」「●●辞典」といった「網羅性」や「ボリューム」を重視したベストセラービジネス書が増えています。そうでなければ売れない事情も理解はしているので、このこと自体を非難する意図はありません。

ただ、読み手はちゃんと内容を覚え、仕事や人生に活かせているのでしょうか。

社会人教育の現場に従事する立場からは、こういった「数」重視の本を出す心境には到底なれません。私は、「実践したい」「役立てたい」「身につけたい」と願う真摯な読者さんのニーズに応えたいので、ボリューム感で勝負する「大全」よりも、「厳選」を志向した本を世に問いたい。そう考えて、いつも本を執筆しています。

その際、厳選のカギとなるマジックナンバーが「3」です。本書では、読書を題材に「3つ以内」にまとめるトレーニングを数多く積むことができます。ポイントが3つだからこそ、本の内容を末長く覚え、人に分かりやすく説明することもできるわけです。

行動に移せる読書に必要な意識改革

最後に1つ、「理解」よりも「実践」フェーズで大切なキーワードを追加させてください。

「動詞」でごまかさない、「動作」に変換する

これは、トヨタでの体験を起源とする話ではありません。20代の頃からビジネス書を読み続けている中で感じた不満、あるいは社会人教育のプロフェッショナルとして大切にしていることを、「動詞」と「動作」の対比で言語化しました。その意味するところは、次の通りです。

「動詞」は、行動に「移せない」表現
「動作」は、行動に「移せる」表現

例えば、近くの書店を訪問し、いくつかビジネス書を立ち読みしてみてください。次のようなメッセージが乱れ飛んでいるはずです。

・目的を意識する
・お客様目線で考える
・組織に浸透させる
・当事者意識を発揮する
・責任をとる
・徹底的に考え抜く

こうした表現はいずれも、そのまま見聞きしただけでは、何をしたらいいのかが不明瞭な言い回しです。例えば、「当事者意識を発揮する」とだけ言われても、困ってしまうのではないでしょうか。一体、具体的に何をすれば、どう行動すれば、当事者意識を発揮することになるのか。次の行を読む前に、自分なりに答えを考えてみてください。

いかがだったでしょうか。

「スロー」思考を日頃から回避しがちな人は、今回もあまり深く考えることができずに、次の行を読んでしまったかもしれません。そういう読者さんこそ、本書の読書体験ならびに今後の実践を通じて、その壁を越えていきましょう。

これまで本を活かせなかった本当の理由

前述のような「動詞」表現で終わっているビジネス書や教材、セミナーは残念ながら数多く存在します。ただ、考えようによっては、これはチャンスだとも言えます。

「動詞」表現を、「分かったつもり」になってしまう「とびつき」思考的なフレーズだと捉えてみましょう。すると、これは同時に、「めんどくさい」思考や「深める」思考を鍛えるトレーニング機会にもなるはずです。

今後、「動詞」表現に出会ったら、「動作」レベルへの変換にぜひトライしてみてください。

動詞	動作
・目的を意識する	↓意識したい目的が書かれた紙を繰り返し見る
・お客様目線で考える	↓お客様が考え・感じていることを100個書き出す
・組織に浸透させる	↓浸透させたいメッセージを毎日唱和する
・当事者意識を発揮する	↓業務の目的や社会的意義を書き出す
・責任をとる	↓失敗に終わった時何をするか、契約書等に明記しておく
・徹底的に考え抜く	↓1行で言えるレベルまで何度も表現を書き直す

これらは、あくまでもサンプルです。個々の仕事の状況や文脈を考慮せずに、無理やり1行レベルの表現で「動作化」してしまっているため、ピンとこないものもあると思います。実際には、もっと言葉を補ったり、別の言い方を選択したりする必要も出てくるはずですが、ともかく「動作」レベルとは何を目指すことなのか。

そのイメージについては、これである程度掴んでもらえたはずです。

「行動に移せるレベルの表現」だからこそ、仕事や人生に活かせる道筋が見えてくる。私達は学者でも小説家でもありません。したがって、学術的に厳密な言い回しや、文学的に凝った表現で記憶に留めておく必要などないのです。

「著者の言葉」より、「自分が扱いやすい言葉」に変換することを優先する

これも、本書が提示する「読書観」において決定的に重要な認識の1つとなります。

実践フェーズへ、「紙1枚」を書いてみよう

以上で、本章の理解パートを終えます。煎じ詰めれば、なぜ「紙1枚」にまとめる技術について学ぶ必要があるのかというと、

「本を読んだらまとめてみよう」的な、「動詞」レベルで済ませないため

「動作」レベルで学べるからこそ、「あとはやるだけ」と断言できるところまで、最短距離であなたをリードできるのです。

それでは、早速「紙1枚」を書いてみましょう。

まず、手元に「紙」と「**緑・青・赤**3色のカラーペン」を用意してください。

紙は、コピー用紙でもノートでも、何かの裏紙でも構いません。ただ、最低でもA5サイズ以上が良いため、小さなメモ帳は避けた方がベターです。

本書では、できるだけ手軽に取り組めるように、A4サイズのコピー用紙を使った例で説明していきます。それを半分に折って、A5サイズにすると記入がしやすくなりますので、手元に手頃なノートがない方は、白紙のコピー用紙でやってみてください。

また、3色のカラーペンについても、すぐに用意できる人は多くないかもしれません。その場合は、とりあえず黒ペンでもOKとしておきます。

まず、冒頭のカラー図版に記載した手順にしたがって、「**緑ペン**」で**フレーム**を作成してください。

「フレーム」を作成する理由は、前述の通りです。枠組みを設定することによって、頭の中だけでゴチャゴチャ考えるよりも思考整理が容易になります。また、「空白があると埋めたくなる」といった心理特性が活用でき、なおかつ「制約」があることで、停滞しがちな「めんどくさい」思考・「深める」思考・「没頭」思考が働きやすくもなるわけです。

この点に関して、「白紙に好き勝手、自由に書きたい」派の人もいるかもしれませんが、私がトヨタ時代の資料作成を通じて学んだ本質は、フレームのような「制約」が「スロー」思考のトリガーになる点でした。今後、何枚か書いてもらう中で、この本質を体感・納得・肚落ちさせてもらえると嬉しいです。

なお、図版だけでは作成しにくいと感じる方のために、読者限定の「実践サポートコンテンツ」も用意しています。「**動画による書き方解説**」等を行っていますので、本書の読了後、必要な方は併せて活用してください。巻末のＵＲＬもしくはＱＲコードからアクセス可能です。

「1枚」フレームワークには様々な型のバリエーションが存在し、他の拙著では本書とは異なるフレームの書き方も紹介しています。

ただ、読書に特化した本書に関しては、この型1つだけでＯＫです。

だからこそ、まずは早く書き慣れてほしいと願っています。10パターン覚えてくださいと言われたら大変だと思いますが、今回は3種類ですらありません。

たったの「1つだけ」です。

当初は抵抗を感じる人もいるかもしれませんが、10枚も書けば慣れてきます。歯磨きと同じくらい日常化してしまえば、動作レベルでストレスを感じることはありません。

むしろ、線を引く行為には、スポーツや音楽の世界における予備動作やルーティンのような効果もあります。フレーム作成を通じて、「これからしっかり考えていきたいから、脳よ、ちゃんと働いてね」といったマインドセットの**調律・チューニング**ができるわけです。

加えて、練度が上がればこの予備動作だけで、「深める」思考のスイッチを入れることが可能になってきます。武芸における「型」のようなイメージで取り組んでみてください。

3ステップで体感してみる

ここからはフレームの書き方ではなく、使い方の説明に移ります。

読書に特化した活用法は次章から本格的に行いますので、本章では基本的な使用法を知ることにフォーカスして、読み進めてもらえれば大丈夫です。

テーマは、「最近読んで良かった本は?」にしておきます。本の感想について、人に分かりやすく説明できるようになる。そんな「紙1枚」の実践例だと捉えてください(次ページ図1-3)。

ステップ1:「日付」「テーマ」「問い」を書く

一番左上のフレームは、「緑ペン」で「日付」と「テーマ」を記入する場所です。

サンプルの日付として「**11月11日**」、テーマは「**本の紹介**」と書いておきます。

図1-3　頭の中の思考整理を「動作」レベルに変換する

11/11 「本の紹介」		Q？　最近読んで良かった本は？	
『DXの思考法』		A？	
『未来を実装する』			3
『取材・執筆・推敲』		1	2
『読書について』			3
『本を売る技術』		1	2
『英語のハノン』			3
『ビジョナリーカンパニーZERO』		1	2

赤：━━　緑：━━　青：━━

続いて、右上の「**Q？**」と書かれたフレームを見てください。ここには、「目的」を達成することにつながるような「問い」を、緑ペンではなく「**青ペン**」で記入します。

このケースは本の紹介を目的にしていますので、それに応じた質問文となるよう、「**最近読んで良かった本は？**」と書いておきます。

ステップ2：紹介する本を決める

引き続き「**青ペン**」のまま、「紙1枚」の左半分を埋めていきます。左半分は今後、「メモ」欄のような位置づけで活用していく「自由度の高いフリースペース」だと捉えてください。たくさんキーワードを書き込む場合もあれば、空欄のままにするケースもあります。

今回の例で言えば、「Q？」が「**最近読んで良かった本は？**」なので、すぐに該当書籍が浮かべば、いきなり「A？」の欄を埋めてもらっても構いません。

ただ、実際には「いきなりそんなこと言われても……」となってしまう読者さんが多いはずなので、まずは本の候補をリストアップするところから始めてみます。

左端の1列分を使い、候補となる本のタイトルを書き込んでいきましょう。

その際、7個フレームがあるからといって、無理に全てを埋める必要はありません。3冊しか浮かばないなら3個分だけ埋めてOKとしてもらって大丈夫です。

記入が済んだら、「**赤ペン**」に持ち替え、本を1冊選びましょう。どうやって選ぶのかというと、本章前半の理解パートで学んだ「質問&動作」を活用します。

具体的には、まず「**人前でも話しやすそうな本は？**」といった問いを立て、該当する本を○で囲みます（次ページ図1－4）。

続いて、「**聞いてくれる人にとって有意義な本は？**」と自問自答し、今度は△で囲ってみましょう。その際、1つ目の問いで囲ったものも再度選んでOKです。むしろ、そのために囲い方を変えているのだと捉え、積極的に重ねていってください。

最後に、「**うまくまとめられたら、成長につながると感じられる本は？**」と考え、該当するものを□で囲っていきましょう。

すると、○△□が重なった本が浮かび上がってくるはずです。それを今回の書籍として選択し、フレームの右側にある「A?」の欄に、「**赤ペン**」で書きましょう。この例では、小林秀雄さんの『**読書について**』を紹介しようとまとまったので、そのタイトルが入れてあります。

図 1-4　自分に質問をして○△□を付けていく

11/11 「本の紹介」		Q？　最近読んで良かった本は？	
『DXの思考法』		A？　小林秀雄『読書について』	
『未来を実装する』			3
『取材・執筆・推敲』		1	2
『読書について』			3
『本を売る技術』		1	2
『英語のハノン』			3
『ビジョナリーカンパニーZERO』		1	2

赤：――　緑：――　青：――

以上、淡々と解説してきましたが、これこそが、通常のビジネス書では「動詞」でごまかされてしまっている部分を、全て「動作」化した好例です。

「優先順位がつけられません……」「自分なりに決断したり選択したりすることが苦手です……」「何が大事なのか良く分からなくなってしまいます……」等々。読書に限らず、こういった悩みは**「質問&○△□」による「動作」化**によって解決できるのです。

今後、選択や判断に迷った時は、このアクションをぜひ試してみてください。

ステップ3：3つの質問に答える

これで、フレームの右半分のうち「Q？」と「A？」が埋まりました。続いて右下部分を埋めていきます。もう一度、「緑ペン」を出してください。

そして、次ページ図1－5のように3つの問いを記入していきます。

- 何が良かったのか？……What?
- なぜ良いと感じたか？……Why?
- どう活用したか？……How?

毎回この質問文で固定する必要はないのですが、最もオーソドックスな並びとしてはこれで良いと思います。ポイントは、前述の**「3つの疑問」を解消するような質問**にすること。これが、トヨタの「紙1枚」資料から抽出した本質でした。「What?」「Why?」「How?」を駆使すれば概要を1パターンでまとめていけるし、**自分だけでなく第3者にとっても伝わりやすい端的な説明ができる**ようになります。

質問が確定したら、**「青ペン」**に切り替えて各問いの答えを埋めていきましょう。

その際、いきなり埋められない場合は、必要に応じて左半分をメモ欄的に活用していってください。ここに、答えの候補となるフレーズやキーワードを本から抜き書きしたり、本を読む中で感じたことや考えたことを、自由に書き出していけばOKです。ただ、空いている枠は2列目の8つ分だけなので、あれもこれも書くわけにはいきません。

基本的には、頭の中だけで考えをまとめ、答えを埋めることにトライしてみてください。そ

図1-5　ステップ3　What?　Why?　How? を書き出す

11/11「本の紹介」	濫読→乱読	Q? 最近読んで良かった本は?	
『DXの思考法』	全集を読むことも一種の乱読	A? 小林秀雄『読書について』	
『未来を実装する』	ショウペンハウエルと結局は同じ主張?	何が良かった?	3 書物から作者が見えるくらい読む
『取材・執筆・推敲』	立花隆さんの訃報(ふほう)が最近あったな…	1 乱読を肯定	2 これは!という人に出会ったら「全集」を
『読書について』	000	なぜ良いと感じた?	3 作家を絞って乱読というソリューション
『本を売る技術』	000	1 あれもこれも読みたいという悩み	2 ショウペンハウエルは全否定
『英語のハノン』	000	どう活用した?	3 今後、作者が立ち現れてくる体験を
『ビジョナリーカンパニーZERO』	000	1 立花隆に絞って乱読を実践	2 ジャンルが多岐にわたるためランダム感あり

赤：　緑：　青：

れで行き詰ってしまった時には、脳内完結では限界だと判断します。メモ欄にキーワードを書き出し、リカバリーをはかっていきましょう。

各問いの答えを埋める欄は3つずつあります。「なぜ、3つなのか?」も前述の通りです。本章前半の理解パートで解説した要素がこの「紙1枚」の型に全て反映されていることを、図を見ながらしっかり確認していってください。なお、無理に3つ全てを埋める必要はないので、1つや2つで十分なら、残りは空欄でも構いません。

「紙1枚」にまとめるから分かりやすく説明できる

これで、「深める」思考を駆使した「紙1枚」のまとめが完成しました。あとは、この思考整理に沿って、アウトプットするだけです。実際に人前で説明する場面を想定して、本紹介の例を挙げておきます。なお、発言に色を付け、「紙1枚」との対応を視覚化しました。多少言い回しを変えつつも、内容としてはフレームに沿って話している点を確認しながら、読み進めていってください。

〝私が最近読んで良かった本は、小林秀雄さんの『**読書について**』です。**具体的に特に響いた**のは「**乱読を肯定している**」点です。

ただ、乱読にも段階があって、大量に読む中で「これは！」となる作家に出会ったら、今度はその作者の本を手あたり次第に読んでみる。「**対象を絞って乱読すること**」をやればいいんだと。例えば全集があるなら、それをランダムに読み漁ってみるといった感じです。

そうして、最終的には本の一部分の記載から、その**作家の姿が見えてくるくらいまで読み込んでいく**。そんな読書法が提唱されていました。

なぜ今回、この本を紹介しようと思ったのかというと、私は「**あれも読みたい、これも読みたい、でもそれじゃキリがない**」という悩みを抱えていました。

ところが、こうした悩みについて、例えば以前読んだ**ショウペンハウエルの同じタイトルの本『読書について』**では、**乱読が思いっきり否定**されていたりもするんです。

なので、**「はじめは乱読OK、その後は、ひとりの作家に絞って乱読」**式の捉え方は、とても腑に落ちる目からウロコのソリューションだと感じました。

この本を読んで以降、**実際に今話したやり方を実践**しています。ちょうど読んでいた頃に**立花隆さん**の訃報を知ったこともあり、今は立花さんの本をひたすら読みまくっています。

膨大な数の著作があり、テーマも多岐にわたるので、**1人の作家にフォーカスしているのに乱読的なランダム感**もあって、とても楽しく読書に取り組めています。

まだ、著者が立ち現れてくるほどの読み込みには至っていませんが、**そこを目指して引き続き読んでいこう**と思っています。以上です〟

読んでみていかがだったでしょうか。会社で指定された課題図書に関するプレゼン機会。年に何度か順番が回ってくるような社内勉強会での発表や、朝礼・昼礼時の挨拶。休日に参加する読書会での本紹介から、ブログやSNSの投稿に至るまで。

多種多様な場面で、この「紙1枚」を活用できるのではないでしょうか。

この発表を読んでみて、「自分もこんな風に、本を読んだ後に人前で話したり、文章が書けたりしたらいいな」と感じた人も多いと思います。

この章が終わったら、あるいは本書全体の読書体験が終わってからでも構いませんので、どうか手を動かしながら実際にやってみてください。「スロー」思考を働かせるため当初は疲労も感じると思いますが、大半の人がいきなりビフォーアフターを体感できるはずです。

何せ道具は、「紙1枚」と「色ペン」だけ。やることも、タテ線・ヨコ線を引いて毎回同じ

「フレーム」を書き、適切な「問い」&「答え」を埋めていくだけです。

1枚あたりの作成時間も、このテーマなら5〜10分程度あれば十分に書けます。

当初はこうした「動作」自体を「めんどくさい」と感じるかもしれません。ですが、何枚か書いていくことで、フレーム作成に関するストレスは次第に感じなくなっていきます。

そうなれば、後はひたすら「深める」思考・「没頭」思考の力を高めることにエネルギーを注ぎましょう。頭の中だけでは対処できない難解なテーマも、「紙1枚」を書きながらであれば、十分に太刀打ちできます。第1章で解説した通り、**紙媒体の方が「深い読み」や「深める」思考に向いていること**を、ぜひ思い出してください。

しかも、ただ白紙の紙に書きだしているわけではなく、「紙1枚」「フレーム」「2W1H」「ポイント3つ以内」等々、様々な「制約」を課した状態でやっていきます。不自由さが考え抜くためのカギであることも、先述した通りです。何より、これらが全て「動作」化されているので、行為レベルで引っ掛かったり、躓いたりするようなこともありません。

「紙1枚」読書法の「型」。これで、取っ掛かりは掴めたでしょうか。

いよいよ次の第3章では、実際に本を読む行為自体に、このフレームワークを適用していきます。お楽しみに。

第2章のまとめを兼ねたブック・ガイド

本章では、「紙1枚」読書法のベースとなるビジネススキル＝「1枚」フレームワークのクイック・ガイダンスを行いました。

その要諦は、「制約を通じて考え抜くこと」であり、「紙1枚」レベルにまとめられるからこそ、「忘れない・思い出せる」「人に説明できる」「仕事や人生に活かせる」といったことが可能になる点でした。

これらはいずれも、読書に関する悩みに直結できるものばかりであり、その可能性の一端は、最後に紹介した例で感じてもらえたと思います。

ただ、解説を最小限に留めたため、まだまだ扱えていない論点がたくさんあります。

より深い認識を得たい方は、他の拙著にも触れてみてください。「1枚」フレームワーク自体について最も詳しく学べる本は、『説明0秒！一発OK！驚異の「紙1枚！」プレゼン』です。

「1冊だけ」に絞るのであれば、この本を読んでみてください。

『説明0秒！一発OK！驚異の「紙1枚！」プレゼン』
日本実業出版社
浅田すぐる・著

一方で、本章でとりあげた小林秀雄さんの『読書について』を踏まえるのであれば、「全部読んでください」と明記した方が、より本質的なガイドになります。


〝「文は人なり」ぐらいの事は誰にでも解っていると言うが、実は犬は文を作らぬ、という事が解っているに過ぎない人が多い。

書物が書物には見えず、それを書いた人間に見えて来るのには、相当な時間と努力とを必要とする。人間から出て来て文章となったものを、再び元の人間に返す事、読書の技術というものも、其処以外にはない。〟

『読書について』（小林秀雄　中央公論新社）

乱読や多読を「ランダム読み」、読書を通じて「人間」を見出していく営みを「フォーカス読み」と書き分けるなら、私の本を全部読み、「1枚」フレームワークの本質をディープに掴んでいくような読書は「フォーカス読み」に該当します。

『読書について』
中央公論新社
小林秀雄・著

ただし、小林秀雄さんが書いてくれている通り、「フォーカス読み」は「相当な時間と努力とを必要とする」読書になります。

要するに、「めんどくさい」のです。「没頭」レベルの「深い」読み込みが欠かせません。

この本から得た本質を踏まえ、「読書のコツは?」といった質問を受けた際、私は「気になった著者の本はとりあえず全部読む」と応答するようにしてきました。それが本質だからと真摯に答えてはきたのですが、実行してくれる人はごくわずかなのが実情です。

あまりこういう言い方はしたくありませんが、ビジネス書なので敢えて書きます。

「浅いランダム読み」だけでは、その他大勢の読者の中に埋没するだけなのではないでしょうか。面倒だから「こそ」、「深めるフォーカス読み」を積極的にやる。たったそれだけで、読書家としても人材としても、一歩抜け出すことができるのです。

ただ、こうした取り組みは、本書をある程度実践した後からで構いません。

現時点では、ガンガン深く読み込んでいけるような読書力があるわけではない。これが本書の大前提なので、少し厳しいことを書いてしまいましたが、中長期的な目標として見据えつつ、引き続き安心して読み進めていってください。

リクエスト
REQUEST

第3章

「仕事や人生に読書を活かす」を「紙1枚」書くだけで実現する方法とは?

目的を最速で達成する「パーパス・リクエスト」

われわれ一人ひとりに要求されるのは、核心に焦点を絞ることであり、それとは無関係なことに心を奪われないことである。

——ジム・コリンズ『ビジョナリーカンパニー』

読書には、3つの読み方がある

「紙1枚」読書法。このうち、第2章では前者である「紙1枚」の方にフォーカスし、そのメリットや具体的な実践方法について学んできました。

一方、この章の主役は、後者の方です。すなわち、**「読書」の本質**について、お互いの共通了解にしておきたいポイントを解説していきます。なお、本書では「読書」と「読解」を混在して使っていますが、基本的に同じ意味だと思って読み進めてもらえれば大丈夫です。

「1冊の本を、なかなか最後まで読むことができません……」
「読み終われたとしても、物凄く時間がかかってしまいます……」
「読後すぐに忘れてしまうので、仕事や人生に活かすことができません……」

読書に関するこういった悩みを、この第3章でまとめて解決することができます。

しかも、やることは前章と同じく「紙1枚」に書くだけです。所要時間も15分から20分程度あれば十分なので、人によっては目からウロコが落ちるようなソリューションだと感じるかもしれません。「こんな読書観があるのか！」と、楽しみながら読み進めていってください。

では、いきましょう。「読解」において大切な本質は数多くあり、複雑で難解な話も少なくありません。そうした読解理論を学ぶことも楽しいのですが、本書の目的は仕事や人生に役立てていくことです。

そこで、分かりやすさや実践性を最優先し、次の切り口での3ポイント化を試みます。

「読解」には「3種類」ある：

①「作品」中心の読解
②「作者」中心の読解
③「読者」中心の読解

そもそも「本を読む」行為は、「読み手（＝読者）」と「書き手（＝作者）」、そしてその間に「読み物・書き物である本（＝作品）」が存在することで成立します。そこで、モレなくダブリなく、なるべく網羅性の高いこの3要素で、読書を分解してみたわけです。

分かりやすい順に、まずは**①「作品」中心の読解**の解説からスタートします。

これは要するに、学校の授業で習った文章レベルの読解のことです。「テストで採点可能な読み方」「正解がある読書」と言い換えることもできます。

「**こう書いてあるからこういう意味ですよね、だからこれが正しい読み方です**」といった「文中の記述を根拠とする説明」が可能であり、言われた側も納得がしやすい。

①の読解は、「書いてあること中心」の読書だと捉えてください。

学生時代から慣れ親しんでいる読み方です。「そんなの当たり前ですよね」となっている人も多いかもしれません。この読書スタイル自体は、もちろん重要です。実際、第2部の第6章で、この読解法について1章を割いて解説していきます。

ただ、現時点で向き合ってほしい最大のポイントは、「読解といえば①しかないのかという と、決してそんなことはない」。この認識が、「あなたにどの程度あるか？」です。

学校教育の仕組み上、採点が可能で正解があるような読解でないと、授業も、テストも、評価も成立しません。入試問題がそのハイライトですが、こうした制約さえなければ、読書とは本来もっと多様なはずです。

にもかかわらず、「本を読む行為には①しかない」といった認識のまま学校を卒業し、社会人生活に突入してしまっている。そんなビジネスパーソンに数多く出会ってきました。

「書いてあること原理主義」とでも言いますか、例えばSNSの炎上などを見ていても、その発端は部分的に文章を切り取り、「文字通りの意味だけ」を読み取ることから始まります。まさに①の読解であり、①の読み方は「正解がある」ことになっていますから、「この読みが正しい、俺の理解が正しい」的な原理主義に陥りやすいのです。

ところが、実際には前後の流れや、その人がいつどこで誰に向けて書いたのか。あるいは、どんな人となりの人物なのかを考慮することで、多様な解釈が成立するはずです。

そうした可能性を踏まえず、文字面だけで「こんなこと書いてる、マジで終わってる」と捉えることに終始してしまう。炎上を見た人もまた、「たしかにこう書いてある以上、そういう意味のことを言ってるんだな、それで正しいのだろうな」などと追随していく。

①の読み方への過剰適応が、こうした現象の要因になっているのではないか。私見ですが、繰り返される騒動を眺めながらそのように感じています。

本に話を戻すと、読書に関してありとあらゆる相談を受けてきましたが、その大半は「正解があること」を前提にした質問ばかりでした。「どうすれば、正確に、正しく読めるのか?」「どうすれば、自分の読みが正しいと確認できるのか?」「俺の読みこそが正当!と豪語している人達は、何を根拠にそんなことを言っているのか?」等々。

ところで、そもそも「正しい読み方」なんて、本当に存在するのでしょうか……。

定期テストの答えは本当に正しいか

いったん先に進みます。②「作者」中心の読解とは、先ほどの書き方を踏襲して説明すると、「こう書いてあるけど、この作者に関してはこういう意味で捉えるべきだ」といった読み方になります。作家の生い立ちや時代背景、生活環境を踏まえて解釈したり、書き手の他の作品との共通点や相違点を比べ、より深い意味を浮かび上がらせていったりする。

こうした読み解き方は、①「作品」中心の読解に比べるとより属人的・主観的なものになっていきます。あくまでも文章の記述をベースにしつつ、そこに背景知識を多少組み合わせて解釈している分には、まだ①に近い方です。それに対して、文章には直接書かれていないバックグラウンドの方をメインにした読解になってくると、背景知識の量によって解釈に相当な個人差が生じてしまいます。こうして属人化が進み、客観性が乏しくなってくれば、もはや採点＝正しさの判断は困難です。

したがって、このような読み方が試験で問われることは、基本的にありません。

ただ、学校の定期テストレベルだと、教師の独善的な読解を解答欄に記入しないと正解がもらえない。そんな体験をした読者さんも、中にはいるかもしれません。

私は高校時代にそうした現代文の先生に出会ったことがあり、「文章を正しく読むって、どういうことなのだろう」とひどく混乱した覚えがあります。

学校の先生に限らず、②「作者」中心の読解をする人の多くは、「自分の読みこそが正しい」といったスタンスで、自身の解釈を相手に強要しがちです。「正解思考」に陥りがちな点では、①も②も同じですが、本書の観点では②の方をより問題視しています。なぜなら、自分よりも教養や実績・権威ある人から「これが正しい読解だ」などと言われてしまったら最後、あっさり納得してしまう人が大半だからです。

これは、第1章で詳述した「とびつき」思考・「浅い」思考・「茫然」思考で済ませてしまっている状態だと言えるのではないでしょうか。あるいは、プロローグの冒頭で「頑張って読んでも自分では良く分からず、結局、人の解釈を鵜呑みにするばかりで……」というセリフを紹介しましたが、これは①や②の読み解きが自分なりにできないからです。

ぜひ、本書（特に後半）の実践を通じて、この課題を乗り越えていきましょう。

さて、ここで先ほどと同じ問いを、もう一度あなたに投げかけたいと思います。

そもそも「正しい読み方」なんて、本当に存在するのでしょうか……。

読解に正解なんてない

2回繰り返したので察しはつくと思いますが、「読解に正解なんてない」というのが本書のスタンスです。より正確に言うと、何が正解かなんて「読み手」どころか、「書き手」すら本当のところは良く分からない。この点について、あなたはピンとくるでしょうか。

例えば、批評家がいかに論理的かつユニークな解釈を提示し、「これこそが正しい読みだ」と主張したところで、作者本人が「いいや、そんな意図はないです」と言ったらそれまでです。

この時点で、読み手側が説く「正解」に絶対はない。これはすぐに了解できると思います。一方、様々な解釈を読者から提示された際、作者自身が「絶対者」として、そうした読解の正否を毎回判断できるのかというと、この点も実は怪しいのです。

私自身、作者側の立場で、次のような体験をしたことがあります。

第2章で紹介した通り、「1枚」フレームワークは「緑・青・赤」を使用する技術です。以前、このカラー選択に関して、ある受講者さんから次のメッセージをもらったことがあります。

〝個人的に、この3色のチョイスには感服しました。「スリーアギトス」ですよね。困難があっても、行動し続ける。3色のペンと1枚の紙で立ち向かっていく。動詞と動作の思想がペンにも反映されていて、凄いと思います〟

「スリーアギトス」とはパラリンピックのシンボルマークのことです。

確かに、「緑・青・赤」の3色で構成されています。

「アギト」とは「挑戦」「覚醒」といった意味のラテン語です。また「緑・青・赤」は、世界中の国旗で最も使用されている3色になります。この2つを組み合わせると、「世界のアスリートが、困難があっても諦めずに挑戦する」。これが、「スリーアギトス」の意味するところです。

なるほど、確かにシンクロします。どんな事態に直面しても、逃げずに「紙1枚」に書いてみる。「動作」レベルで行動し、「めんどくさい」思考・「深める」思考・「没頭」思考を発揮していく。果敢に「チャレンジ」を積み重ねていくんだと捉えれば、「スリーアギトス」と私が主宰する「1枚」ワークスの世界観は見事に合致します。

このような解釈を受け、まずは素直に嬉しかったです。非常に感動しましたし、メッセージを寄せてくださった読者さんにとって、この読解は間違いなく真実だとも思います。

ただ、作者の私に「スリーアギトス」を踏まえる意図がどの程度あったかについては、これは大変微妙です。当初から明確に意識していたかと言うと、間違いなく違います。私がこの3色を採用した理由は数多くあって、例えば「色彩心理学」上の効果を踏まえた点。あるいは、最も手に入りやすいカラーがこの3色だろうといった「手軽さ」の観点。

加えて、齋藤孝さんの『三色ボールペンで読む日本語』や、『頭がよくなる青ペン書きなぐり勉強法』に代表される「**青ペン**」学習法等の影響もあります。

『三色ボールペンで読む日本語』
KADOKAWA
齋藤孝・著

『頭がよくなる青ペン書きなぐり勉強法』
KADOKAWA
相川秀希・著

一方、「1枚」フレームワークを開発した時点で、「スリーアギトス」についても知ってはいました。私の趣味は「仮面ライダー」で、いわゆる「平成仮面ライダー」シリーズを20年以上、フルコンプリートで見続けています。その2作目に『仮面ライダーアギト』なる作品があり、「アギト」が気になって調べていた時期がありました。なのでその時点から、「覚醒」や「挑戦」の意味、パラリンピックで使われていることは既に知っていたのです。

したがって、3色の選択にこういった観点が全くなかったのかと考えてみると、「前意識レベルではあった」とも感じています。実際、メッセージをもらった時に、「そうか! だからこの3色だったのか!」と深く納得し、体中が喜ぶような感覚がありました。

本書執筆時にパラリンピックが開催されていたこともあって今回この話に初めて触れてみましたが、そろそろ「正解なんて本当にあるのか」問題に戻りたいと思います。

以上のバックストーリーを踏まえ、「この3色は、パラリンピックのエンブレムも反映しているんです」と作者の私が言いだしたら、これは果たして「正しい」のでしょうか。

「そんなの後付けだ」「前意識とか潜在的にとか言い出したら、もう何でもありじゃないか」と捉える人も多いと思います。

確かに、当初は言語化できていませんでした。一方で、私の体感が「当時からその意図はあった」と確信していることもまた、疑いようがないのです。

読者メッセージによって、自分が前意識レベルで込めていた意図をようやく言語化できるようになった。そう捉えることも肚に落ちている以上、「色の選定にスリーアギトス的な意味を読み取った」とする読解は、「今となっては正しい」と言っても構わない。

これが、この件に関する作者としての本音の見解となります。

要するに書き手自身も、何が本当・真実・正解かについて、突き詰めるとよく分からないところが多分にあるのです。時間の経過によって作者自身の解釈だって変わり得るし、前意識なんて概念を持ち出せば、本当にどうとでも捉えることができてしまう。

「読みの正しさ」とはそれほど脆弱性を帯びたものであり、この認識はどの作り手であっても同じはずです。なぜなら、どんな大作家であっても、決して「全知全能ではない」から。

ビジネススキルの開発者としてもビジネス書の物書きとしても、私は自分の意図を全て自覚し詳らか（つまび）に言語化することなどできません。不完全で未熟で発展途上の人間に過ぎないからです。

作り手は、絶対者でも神様でもありません。したがって、「何が正解なのか」について、たとえ当事者であっても判然としない領域がある。それが当然・自然の理（ことわり）なのです。

学校で学んだ読書からいったん距離を置いてみる

では、読者はどうでしょうか。読み手もまた全知全能ではありません。作者の意図を全て汲み取れる神のような読者は存在しません。絶対に正しい読みなんてやはりあり得ないのです。

にもかかわらず、**①の読解に過剰適応してしまった＝受験エリート的ビジネスパーソン**ほど、「正解となるような読み方がある」前提で、今日も本を読んでしまっている。「正しい読み」なる幻想を追い求めてしまう。あるいは、「正しくない読み」をしているのではないかと怯（おび）え、「正しい」と豪語する人物の読解に飛びついていく。

あなたはこれまでどのくらい、「正解志向」型の読書をやってきたでしょうか。そうではない読み解きもあるのだといった感覚は、どの程度鮮明にあるでしょうか。

作者も読者もお互い全知全能ではない。したがって、絶対に正しい読書なんてない。

だからこそ、正解がある前提の学校的読書から、いったん距離を置いてほしいのです。こうした本質が腑に落ちることで気持ちが楽になる読者さんは、きっと物凄くたくさんいるのではないでしょうか。自身の読書観を客観視し、ここまで読みながら湧いてきた感覚をひとしきり味わってから、次の項目へと進んでください。

読む主役は「あなた」自身

ここまで、①「文章」②「作者」中心の読解のいずれの読み方も、突き詰めると「正しい読み」は成立し得ないのだと確認してきました。もし、この点を共通認識にすることができれば、ようやく③「読者」中心の読書観を受け入れていくことが可能になってきます。

この読み方の主役は、文字通り「読む側」である「あなた」の方です。

①②の読書観ではどうしてもメインは作者で、読み手はその従者になってしまいます。暗黙の前提となってしまっているこうした主従関係を逆転させ、「読み手」であるあなたが読書の主導権を握る。これが、③の読書観のポイントです。

読者は決して、作者の奴隷ではありません。たとえ相手がどんなビッグネームであったとしても、あなたは平伏(ひれふ)す必要などない。

リスペクトはしつつもフラットな立場で正対すればいいし、さらに極端な捉え方をすれば、逆に自身が王様となり、あなたが「読みたいように読めばいい」のです。「こちらの求めることに応えよ」といって、作者にどんどん要求する。あなたが主役である以上、目的や状況次第でそんな読書をしたって構わないのです。

③の読み方は非常に「能動的」で、先鋭化すれば「攻撃的・高圧的な読書のスタイル」と捉えることもできます。作者=絶対者ではないと了解できているからこそ、こういった**読書に関する発想の転換、コペルニクス的転回**をあなたに促してみたいのです。

おそらく、①や②の読書観が根強い人ほど、「読みたいように読めばいいって、そんなの読書じゃない」と感じてしまったのではないかと思います。

そんな人に、ぜひ知ってほしいキーワードがあります。

作者の死

大学時代、ロラン・バルトの『物語の構造分析』という本を読んだ時、私はこの言葉に衝撃を受けました。「作者の死」とは、書籍内に収められた論文のタイトルなのですが、その意味するところは「**作者は神・絶対的存在ではない**」。

哲学におけるニーチェの「神は死んだ」の文学版であり、要するにここまでの端的な要約が、「作者の死」とシンボリックに表現されているのだと捉えてみてください。

『物語の構造分析』
みすず書房
ロラン・バルト・著
花輪光・訳

プロローグにも書きましたが、私はかつて「本を読むとはどういうことなのか」が全く分かっていませんでした。一体何をどう読んだら、作者の主張や意図、本の構造等を掴むことができるのか。受験の際、ようやくこうした点について分かるように、またできるように教えてくれる先生と出会うことができ、何とか本が読めるようになりました。

以降は大学の図書館に籠り、失われた18年のキャッチアップをひたすらやっていたのですが、その時点では「③読者中心の読解」があるなんて考えたこともありませんでした。

だからこそ、「作者の死」が鮮烈な言葉として響いたのです。

書き手の意図を正しく掴もうとする読みだけに、固執する必要なんてない。作者だって、自身のことをどれだけ分かっているか怪しいのです。だったら、読者の自由な思考・感情・意志に根差した、もっと読み手を主体とした読書があっても構わないのではないか。

学校国語的な読書観しか知らなかった当時の私にとって、文字通り目からウロコが落ちるような読書体験でした。

さて、これで本章の理解パートは完了となります。

本書を読む前のあなたは、①②③のどの読書観が最も強かったでしょうか。

典型的なパターンは、学生時代に①「作品」中心の読解しか習わず、それしか知らずに社会人生活に突入してしまう。その後、②「作者」中心の読解スタイルで独自の解釈をしながら本を読む人や、そうした読み解きを仕事や人生に活かしている人に出会い、強烈に憧れる体験をする。

ただ、同じように②の読書をやろうと思っても、①しか知らないため、正解思考がどうしても邪魔をしてしまう。結果、②の読み解きがどうにも自分ではできない……。

正解思考の呪縛を解くカギは、③「読者」中心の読解なのですが、こうした読書観があること自体をそもそも知らないため、何を読んでもブレイクスルーにつながっていかない。

最終的には、ユニークな②を披露する識者や著名人に飛びつくような読書がメインとなり、「深める」思考を働かせることができない人生になっていく……。

これまでの読書ライフがどうなっていたか。

以上の典型例を参考に、ぜひ自身の振り返りを行ってみてください。

目的を最速で達成する読書法：「パーパス・リクエスト」とは？

読みたいように、読めばいい。正しいかどうかに一喜一憂する必要なんてない。

だとしたら、作者の主張や意図を掴むといった意味での読解力にたとえ自信がなかったとしても、もっと日常的に、能動的に、ポジティブに読書と関わることができるのではないか。

そんな着想から考案したのが、これから紹介する「紙1枚」読書法です。

本章の章扉には、「REQUEST（リクエスト）」と付記しておきました。

一体「誰」から「誰」に、「何」を「リクエスト＝要求する」のかというと、

読者である「あなた」が、「本や作者」に、「自分が知りたい、学びたいと思っていることを教えて」とリクエストする

「記述内容や作者の意図を正確に読み取る」よりも、「自身の目的達成につながりそうな記述を拾う」ことにフォーカスする。これが、この読書法の最大のポイントです。

「読みたいように読めばいい」と言っても、何かしらの「基準」がないと、「何でもありのカオス状態」に陥ってしまいます。

そうならないための支柱が、「何のために本を読むのか」。ヒトコトで言えば、「目的」です。これが明確になればなるほど、「混沌とした好き勝手」ではなく、「秩序ある好き勝手」による読書が可能になってきます。

カギとなる概念は、「**目的＝パーパス**」と「**要求＝リクエスト**」。

他の読書本に倣（なら）い、本書でも各技法に名前を付けていきたいと思います。ただ、とりあえず書籍内で識別できればそれで十分といった程度の考えなので、あまり凝ったことをするつもりはありません。シンプルに、２つのキーワードを組み合わせた「**パーパス・リクエスト**」とい

う名称で、この「紙1枚」読書法の解説をしていきたいと思います。

まずは目的の明確化から

「パーパス・リクエスト」で特に重要なのは、核心となる「目的」を明確にするプロセスです。このことを踏まえ、次の3ステップで実践していきます。

・ステップ1：「目的」を明確にする
・ステップ2：本を読み、「目的」達成に関係しそうな記述を拾う
・ステップ3：自分なりの考えをまとめ、「目的」達成に活用する

ただし、前章で学んだ通り、この表現のままでは「動詞」レベルのため実践できる人は一握りです。再現性を担保するべく、「動作」化が必要となります。

そこで登場するのが、「紙1枚」と「3色ペン」です。107ページ図1－6を見てください。第2章で作成したフレームと同様のものを書いてもらえば大丈夫です。

ステップ1：「目的」を達成するための「問い＝リクエスト」を明確にする

まずは、**緑ペン**で「**日付**」と「**書名**」を書きます（図1−6）。今回の事例は、『**ヘッセの読書術**』にしておきました。読書本の古典とされている本の1つです。ただ、だからといって、著者に平伏（へいふく）するような読解はやりません。徹頭徹尾、「自分がなぜ、この本を読もうと思ったのか？」という「あなたの目的」を優先し、その目的を達成するために読んでいくのです。

『ヘッセの読書術』
草思社
ヘルマン・ヘッセ・著
岡田朝雄・訳

このケースでは、「先人達が、読書についてどんな本質を残してきたか把握したい」といった動機から選書しました。したがって、目的は「読書の本質を掴むため」となります。

あとは、目的達成につながるような「問い」を考え、「Q？」の欄に**青ペン**で記入していきましょう。この例では、「**ヘッセが考える読書の本質とは？**」と書いておきました。

図 1-6　ステップ1：目的・問い・リクエストを明確にする

11/11 「ヘッセの読書術」		Q？　ヘッセが考える「読書の本質」とは？	
		A？	
			3
		1	2
			3
		1	2
			3
		1	2

赤：——　緑：——　青：——

実際には、他にも**「ヘッセにとって読書とは？」「ヘッセの読書術の要諦とは？」**等々、質問文の書き方は何通りもあり得ますが、この読書法の主役は「あなた」です。**あなた自身が一番しっくりくる「Q？」を書く。**それを最優先してください。

ステップ2：本を読み、目的達成に関係しそうな記述を拾う

「目的」を達成するための「問い」すなわち、「リクエスト」が明確になったら、「問い」の答えが書いてありそうな場所を読んでいきます。

どうやって探していくのかについては、次の3つの手順を踏んでみてください。

「手順その1」は、「**プレビュー**」と呼ばれる手法を活用します。

これは他の読書本でも頻出する技術で、私自身も日常的

に行っている動作です。諸説ありますが、本書では次のようなやり方を推奨しておきます。

まず、「表紙」や「裏表紙」、「プロフィール」に「まえがき」や「あとがき」等々、要するに本文「以外」の場所に目を通していきましょう。そして、どんな著者が、どんなテーマで、どんなことを書いているのかざっくりと探っていきます。

ただ、探るといっても何となくレベルで構いません。プレビューにも様々な段階があって、精密にやろうと思えば、プレビューだけでかなり深く読み込むことができたりもします。とはいえ、これは相当な読解力がある人限定の世界だと思ってください。

本書での目的は、本の雰囲気を掴み、距離感を縮め、親近感を醸成していくことをメインに据えます。「分かるため」よりも、「馴染ませるため」に取り組むようにしてください。

一通り目を通したら、「手順その2」です。今度は「もくじ」を眺めてください。今回設定した「問い」の「答え」になりそうなメッセージが、一体どの辺りに書いてあるのか。前半なのか後半なのか、第5章と第7章のどちらなのか、等々。できる範囲で構わないので、どこから読んでいくか見当をつけてみてほしいのです。

ただ、実践するとすぐに体感できることなのですが、もくじだけでアタリをつけるのは、意外と難しかったりします。その場合は、「手順その3」に進んでください。もくじ読みだけでは見当がつかない時は、高速で「本文」を眺めていきましょう。1ページ1秒くらいのペースでパラパラとめくり、最初から最後までザーッとチェックしていくのです。

あくまでも「読む場所のアタリをつけるため」にやっていきます。「**見出し**」や「**太字**」、「**図版**」に「**各章の扉ページ**」や「**最後の章まとめ**」等を中心に眺め、リクエストに応えてくれそうな場所を探っていってください。

ちなみに、私自身はこの手順を踏む際、「最初から最後までザーッと」ではなく、「最後の章から最初の章へと遡って」眺めることも多いです。あまり汎用性の高い動作ではないため参考程度の位置づけにしておきますが、ついつい文章を読み込んでしまう傾向が強い方は、最後から戻ってくるリバース方式も試してみてください。

以上、手順1から3までの所要時間の目安は、5分程度です。なお、「書店で立ち読みする時点でやっています」という人は、このプロセスは飛ばしてもらって構いません。

「パーパス・リクエスト」では、最初から順番に最後まで全部読んでいく読み方を、そもそもやりません。「**こちらで設定した目的が達成できれば、それで読書は完了**」と考えているので、作者の用意した流れに従うつもりが最初からないのです。

「読み手」中心の読書観がなければ、これは大変に受け入れ難いことだと思います。本章前半の理解パートの話としっかり接続しながら、以降も読み進めていってください。

本からキーワードを拾う際に問われる姿勢とは？

見当がついたら、キーワード拾いを開始します。目的によっては、いきなり最終章から読み始めるようなケースも出てくると思いますが、それで全く問題ありません。

ピックアップの際のスタンスは、やはり「リクエスト」です。「問いの答えになりそうなことを教えてください」とお願い、要求する。

今回のケースで言えば、「読書の本質を言って！　教えて！　答えて！」と心の中でブツブツ唱え、ヘッセに要求しながらページをめくっていくのです。理解パートで「攻撃的読書」なる表現を使った理由を、このプロセスから感じ取ることができるのではないでしょうか。

このくらい極端な姿勢でブツブツ言いながら、ペラペラめくりながら探すからこそ、「これは！」となる記述に出会うことができます。逆に、「ヘッセ先生、私のような未熟者にも1つご教示いただけますでしょうか」といった弱腰スタンスだと、要求姿勢が弱くなってしまいます。これだと、キーワードを拾えずにただ通過するだけで終わってしまいかねません。

慣れてくれば、よりフラットかつニュートラルなスタンスで、本や著者と正対できるようになります。最終的にはその段階に到達してほしいのですが、現段階では、いったん「リスペクト」よりも「リクエスト」重視の読書を身につけてしまいましょう。

図1-7　左半分のメモ欄に青ペンでキーワードを記入していく

11/11 「ヘッセの読書術」	本と友達になるから 影響を受け始める	Q？　ヘッセが考える「読書の本質」とは？	
畏怖の念、敬意、 理解しようとする忍耐	路上の石にゲーテを 見出すような読書	A？	
賢明さと謙虚さを 育むもの	すべてのものと たわむれるような読書		3
自主的に、自分の欲求と 愛に従って選ぶ	好き勝手読むからこそ より深く読める	1	2
義務や好奇心では その場限りの刺激に	魔力的＝無限の世界が 広がっている		3
精神生活への貢献 （新聞やネットは…）	書かれたものは消える ＝対象の方が大事	1	2
秩序ある蔵書 ＝よろこびを生み出す	どう読むか以前に 本の愛好家であるか？		3
ランダム読み ＜フォーカス読み	客観的な最良の書など 存在しない	1	2

赤：――　緑：――　青：――

そのためにも、当面は主従関係を逆転させ、「自分が主役」の姿勢で取り組んでみてください。

「これは！」となるキーワードやキーフレーズに出会ったら、「紙1枚」の左半分にあたる「メモ欄」パートを活用しましょう。合計で15個分埋めるところがありますので、上から下に**青ペン**で記入していってもらえばOKです（図1−7）。

ただし、フレームは決して大きくないため、長文は書けません。抜き書きが難しい場合は、この段階で自分なりの表現に言い換えたり、要約したりしてもらって構いません。

「そんなことしていいのか」となっている人は、そのリアクションこそが①や②の読書観から生じているのだと自覚するところから、認識のアップデートをはじめましょう。

③の読書観なら、あなたが分かる言葉、あなたなりの表現でまとめてしまって構いません。むしろ、著者の言葉をそのまま鵜呑みにし、分かったような分からないような、

そんな曖昧な読書体験に心当たりがあるのなら、もっと積極的に、能動的に、攻撃的に自分の表現に言い換えていくべきなのです。

このプロセスは、慣れてくるまでは大変だと思います。でも、だからこそ「めんどくさい」思考を働かせ、思考を「深める」ことが可能です。数多くの実践を積み一定段階のレベルを超えれば、今とは全く別次元で「没頭」できる読書ライフが待っています。

エネルギーは要りますが、投入するだけの価値は十分にある「動作」です。

幸いにしてフレームは15個しかありませんので、あっという間に全て埋まってしまうと思います。空き枠がなくなったら、その時点でこのステップは終了してもらって構いません。まだ読みたいページもあるかもしれませんが、これ以上開く必要はありません。

15個もあれば「Q?」の答えは十分作れるからです。

一方、もし半分も埋まっていない状態で、アタリをつけたページを全て読み終えてしまった場合は、他のページも参照してみてください。

いずれにせよ、このプロセスの所要時間は、長くても10分以内。「システム2」を働かせるプロセスなので、それ以上は集中もエネルギーも続かないと思ってください。

なお、10分経っても数個しか埋められない場合、「この本には目的達成につながるようなことは書かれていない」と判断し、その時点で読書を終了してしまっても構いません。

目的達成につながらなかったのは残念ですが、たった10分で「読むべき本ではない」と分か

図1-8　ステップ2：キーワードをつないで思考を深める

11/11 「ヘッセの読書術」	本と友達になるから影響を受け始める	Q? ヘッセが考える「読書の本質」とは？	
畏怖の念、敬意、理解しようとする忍耐	路上の石にゲーテを見出すような読書	A? 本に敬意や愛情を抱きつつ、「能動的」に本と付き合うこと	
賢明さと謙虚さを育むもの	すべてのものとたわむれるような読書		3
自主的に、自分の欲求と愛に従って選ぶ	好き勝手読むからこそより深く読める	1	2
義務や好奇心ではその場限りの刺激に	魔力的＝無限の世界が広がっている		3
精神生活への貢献（新聞やネットは…）	書かれたものは消える＝対象の方が大事	1	2
秩序ある蔵書＝よろこびを生み出す	どう読むか以前に本の愛好家であるか？		3
ランダム読み<フォーカス読み	客観的な最良の書などない→自身で見出す	1	2

赤：──　緑：──　青：──

ったただけでも、十分な収穫なのではないでしょうか。通常の読み方で何時間も費やした場合と比べれば、10倍以上効率的な時間の使い方ができたことになります。

たとえ目的達成につながらなくても、「パーパス・リクエスト」は有益なのです。

ステップ3：自分なりの考えをまとめ、目的達成に活用する

左半分がある程度埋まったら、「A?」をまとめていくプロセスに移ります。ここは「Q?」の答えを書く場所です。ステップ2で拾ったフレーズを駆使し、自分がしっくりくる1行を赤ペンで記入してください（図1－8）。

そのままズバリの答えが本に載っていれば、それを転記するだけでも構いません。

ただ、実際にはいくつかのキーワードの中から選択したり、自分なりの言葉でまとめ直したりして書くケースが多

くなります。

まさに「深める」思考を働かせていくわけですが、「動作」レベルでの実践を続けるために、**赤ペン**で記入しながら取り組むようにしてください。各キーワードをグルーピングしたり、関係性を矢印でつないだりする。まとめの言葉候補を空いたスペースに書き足し、何度か推敲してもらっても構いません。あなたにとって分かりやすく、心に響く言葉を、自分自身で紡いでいくことが最優先事項です。

「A?」の欄に「答え」を記入したら、右下の「**3つの疑問**」を解消していきます。やり方は第2章と全く同じです。まず、「**What?**」「**Why?**」「**How?**」の3つのQを解消するような「問い」を考え、**緑ペン**でそれぞれ質問文を記入していきます（図1−9）。

あとは**青ペン**で各問いの答えを記入すれば、「パーパス・リクエスト」の完成です。

ステップ3の所要時間は3分から5分程度を目安にしてください。

全てのステップを合わせても、15〜20分前後で完了させるイメージです。これで、非常に短時間かつ「紙1枚」書くだけで、「目的達成」型の読書を量産することができます。

自分主義で効率的に読んでいく

「パーパス・リクエスト」は、③の読書観に基づいて、なおかつ物凄くビジネスライクに、自

図1-9 「右半分」を記入し、「紙1枚」を完成させる

11/11 「ヘッセの読書術」	本と友達になるから 影響を受け始める	Q？ ヘッセが考える「読書の本質」とは？	
畏怖の念、敬意、 理解しようとする忍耐	路上の石にゲーテを 見出すような読書	A？ 本に敬意や愛情を抱きつつ、 「能動的」に本と付き合うこと	
賢明さと謙虚さを 育むもの	すべてのものと たわむれるような読書	なぜ選書した？ (Why?)	3 改めて、現代に通じる 本質を掴みたい
自主的に、自分の欲求と 愛に従って選ぶ	好き勝手読むからこそ より深く読める	1 読書本の古典	2 パーパス・リクエストの 原典的1冊
義務や好奇心では その場限りの刺激に	魔力的＝無限の世界が 広がっている	能動的の意味は？ (What?)	3 本に畏敬の念を抱く 感受性は育むもの
精神生活への貢献 （新聞やネットは…）	書かれたものは消える ＝対象の方が大事	1 能動的に自由に読むから こそ、深く読める	2 忍耐強く読むためには 意志が必要
秩序ある蔵書 ＝よろこびを生み出す	どう読むか以前に 本の愛好家であるか？	読書の悩みにどう活用？ (How?)	3 本質質問3： 能動的に読めているか？
ランダム読み ＜フォーカス読み	客観的な最良の書などない ⇒自身で見出す	1 本質質問1： そもそも本が好きか？	2 本質質問2： 敬意を感じ取れるか？

赤：—— 緑：—— 青：——

己目的の達成に特化した読書法となります。ビジネス書らしい本との付き合い方だと言える一方、「なんだかドライで、ハートフルじゃないなあ」といった感覚も湧いてきたと思います。

それでもどうか、まずは何冊かやってみてください。まだ受け皿がほとんどないような状態だからこそ、ショック療法というか劇薬というか、最初は極端なやり方で意識付けをやった方が効果的なのです。

もちろん、このやり方だけでは「自分さえよければいい」的な価値観を強化してしまいかねません。「書き手の意図を掴む」といった意味での「深める」ではなく、「読み手自身の思考」を「深める」要素が強いフレームワークのため、偏り（かたよ）があるのは重々承知しています。

この辺りのバランスは、本書の後半、第3部でしっかり整えていきますので、まずは安心して、この超時短かつ実用的な読書法に慣れていってください。

3つのステップで一貫して問われていることは、「能動

的かどうか」です。これは、今回の事例に記載してある通り、『ヘッセの読書術』を通じてまとめた「紙1枚」とも重なります。

受け身ではなく主体的に、当事者意識を発揮して本から答えを得ようとする。エネルギッシュな読書であり、各ステップの過程で「システム2」を働かせることもできる。

その分、物凄く疲れます。だからこそ、「紙1枚」レベルの作成がそもそも精一杯だと理解してください。時間が最大20分程度になっている理由も、それ以上はエネルギーが注げず、「ファスト」思考一辺倒になってしまうからです。

そうなれば、この読書法はもはや良薬ではなく、逆に毒薬になってしまいかねません。自身のエネルギーレベルと相談しながら、少しずつ経験値を上げていってください。

間違った本を買ってしまった時は……

もう1つ、より時事的・実践的な例を追加しておきます。例えば、あなたが職場でDX（デジタル・トランスフォーメーション）を推進する立場になったとしましょう。組織の実態は、ハンコ文化が今も残っていて、テレワークも大して行われていないようなレベルです。

途方に暮れて書店を訪れてみると、DX関連本が大量に並んでいるコーナーを見つけました。そこで、ベストセラーになっている『DXの思考法 日本経済復活への最強戦略』の存在を知り、買って読むことにしました。

『DXの思考法 日本経済復活への最強戦略』
文藝春秋
西山圭太・著
冨山和彦・解説

あなたは近くのカフェに行き、広めのテーブル席に座りました。早速ノートと3色ペンを取り出し、まずは**緑ペン**で「**パーパス・リクエスト**」のフレームを書いてみます。

さて、ステップ1です。

「Q?」のところには、何と書くべきか。この本を買った目的は、「職場のDX推進を何とかしたい」でした。そこで、**青ペン**を使って「**DX推進のカギは?**」と書いてみます。

続いて、ステップ2の「プレビュー」です。もくじを読み、本文もペラペラとめくりながら見出しや図版を眺めていくのですが……。3分ほど経ったところで、あることに気づきます。

「あれ、もしかしてこの本じゃなかったかも……」

図1-10　あなたの目的とその選書は噛み合っているか

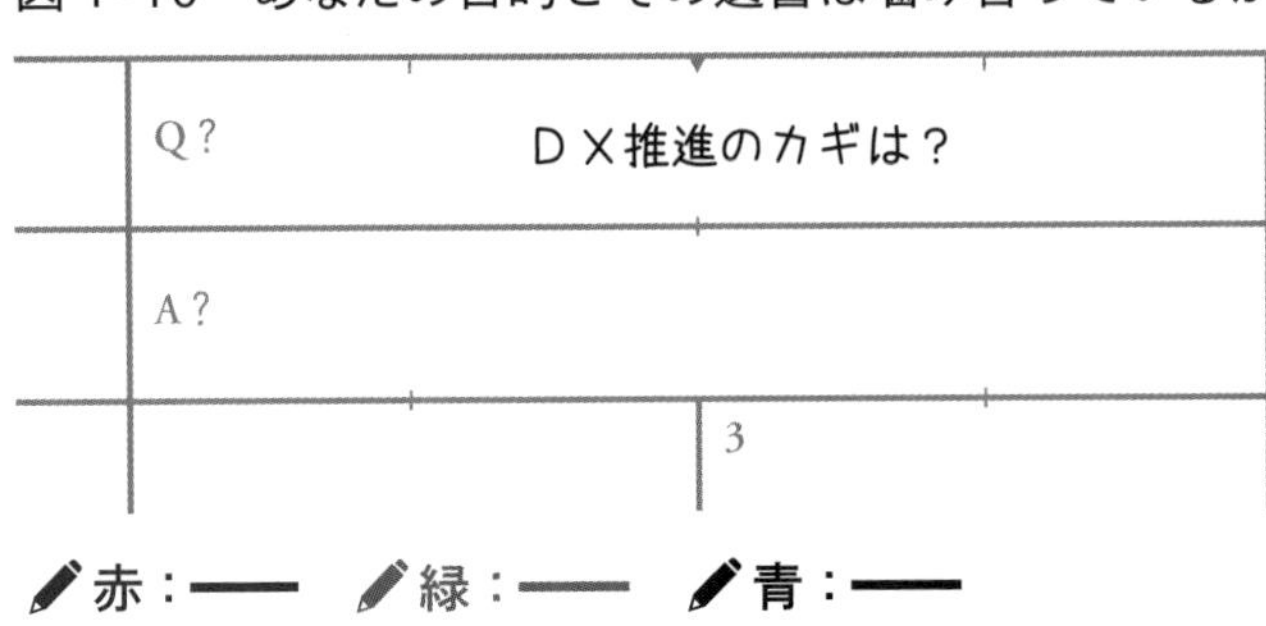

ここに来てようやく、あなたは今回の本のタイトルが「推進法」ではなく「思考法」であることに意識が及びます。今更ながら「日本経済復活への最強戦略」などと付記されていることにも気づきました。

要するに、扱われているテーマやその守備範囲が、こちらの目的と合致していなかったのです。加えて、このプロセスを進める中で、さらに重要なある気づきを得ます。

「職場のＤＸ推進を何とかしたい」という目的自体が、まだまだ曖昧なのです。

目的（パーパス）が不明瞭だと、問い（リクエスト）も抽象的になってしまいます。これでは、本を読みながら具体的なキーワードを拾うことができません。それ以前に、曖昧な目的意識だと本の選択自体が受動的で雑になり、今回のようなズレた選書をしてしまうのです。

ここまで、今後の実践の際に起きがちな典型的ケースを、描写してみました。

どうか誤解しないでほしいのですが、『ＤＸの思考法』は、紛れもなく良書です。このケースで行き詰ってしまったのは、作品のせいではありません。「とびつき」思考・「浅い」思考で安易なセレクトをしてしまった、「茫然自失」状態の読者側に原因があるのです。

だからこそ、選書もまた「とび中」ではなく「能動的」に行っていく必要があるのですが、このテーマについては次章の第4章で詳しく扱います。

今後こうしたケースに直面したら、「パーパス・リクエスト」の作成をいったん中断しましょう。そして、「目的の明確化」に戻ります。この例で言えば、自身の職場におけるDXの推進とは何なのか、改めて「深く」考えてみるのです。

その過程で、あなたは上司である部長に、元々この指示が下りてきた役員会議で一体何が話されていたのか、再確認することにしました。すると、実は「デジタル完結の新しい勤怠管理システムを導入したい」が、事の発端だったと判明したのです……。

だとしたら、目的は全く別のものになります。

「新システムの導入を実現するため」。これが目的であり、「Q？」の方も、「**どうすれば新システムの導入を実現できるか？**」といったものに変わってきます。

こうなると、本の選択自体にも見直しをかけた方が良さそうです。リクエストすべきは「思考」ではなく「実行」フェーズの話であり、もはや「DX」にこだわる必要もありません。

何か新しいシステムを、社内に導入する。

その際に知っておくべき大切なことが書いてありそうな本は、どれか。

図 1-11　本から得た学びを仕事に活かせる「紙１枚」

	11/11 『未来を実装する』	リスクはマトリクスを活用して説明	Q? どうすれば新システムの導入を実現できるか？	
1	優れた理想＝インパクトが人を巻き込む原動力	ガバナンスはルールやマニュアルの整備から	A? 次の「5つのチェック項目」をクリアする	
	優れた理想は良い問い＝イシューにもつながる	法務部の同期にコンタクトして連携	「5つのチェック項目」とは何か(What?)	3 □ 組織体制は？ □ どう合意形成？
	電気実装の例：技術に社会が従う	センスメイキングの本質：オーバーコミュニケーション	1 □どんなニーズに答えるのか？	2 □ 理想と道筋は？ □ どんなリスク？
3	統治の形を変える＝ガバナンス	ナラティブ：説明＜物語ってもらえる	なぜ上記の項目？(Why?)	3 リスクや体制へのケアあっての合意形成
0	新システム導入のデマンドサイドは何？	プロトタイピング：小さく始める	1 デマンドなくして実装・実現なし	2 理想があるから現状も課題も共有可能
2	リスクの洗い出し全くやってないな…	モビライザー的人物であるAさんを巻き込む	明日からどうする？(How?)	3 固まり次第、関係者との合意形成を開始
	ロジックモデルはロジック３で代替え可能	パワーマップを作成し関係者の見える化	1 実現のための組織体制を検討	2 実現におけるリスクの洗い出し
		4		

自分には「センスメイキング」が特に重要

赤：——　緑：——　青：——

『未来を実装する――テクノロジーで社会を変革する4つの原則』
英治出版
馬田隆明・著

こうした目的意識で改めて書店を訪問したところ、『未来を実装する――テクノロジーで社会を変革する4つの原則』が目に留まりました。既にパーパスもリクエストも明確なので、その場で「立ち読みプレビュー」を行います。

結果、「この本なら、目的達成に役立ちそうだ」と判断できたので購入し、改めて「パーパス・リクエスト」を作成することにしました。

今回は無事に「紙1枚」にまとめることができました（図1－11）。「**どうすれば新システムの導入を実現できるか？**」の答えは、「**次の5つのチェック項目をクリアする**」

としました。

すると、**「5つのチェック項目とは?」**という**「What?」**の問いが、まずは立ち上がってくるはずです。引き続き、**「なぜ、この項目なのか?」**、**「明日からどうする?」**の答えを**青ペン**で埋めていけば、「パーパス・リクエスト」の全項目が完成します。

後はこの「紙1枚」に基づき、週明けから具体的なアクションを積み上げていく。

そうすれば、「仕事に活かせる実践的な読書」が実現できたことになります。

チェック項目が5つに増えている理由

この「紙1枚」の内容自体を、詳しく解説するつもりはありません。『未来を実装する』も良書の鑑(かがみ)のような素晴らしい本なので、あなたの目的と重なるところがあれば、今後ぜひ手に取ってみてください。

ただ、まとめ方の面で補足したいことがあります。書名にある通り、未来実装の原則は4つです。一方、「A?」欄には「5つのチェック項目」と書かれています。「ポイント3つ」どころか1つ増えて5つになってしまっているのですが、これは一体どういうことなのか。

本の中では、4原則の前提となる「デマンド=そもそもニーズがあるか」といった話が登場しています。一方で、この「紙1枚」をまとめた読み手は、4原則と同じくらいデマンドのチエックも重要だと感じました。

そこで、本の中では「4原則と1つの前提」になっているところを、自身のまとめとしては「5つのチェック項目」に変換して、頭に入れておくことにしたのです。ちなみに、このように「**チェックリスト化すること**」も、「動作化」の有効な手法の1つとなります。

ただし、5つの項目を5つのまま覚えようとすると、忘れるリスクが高くなってしまいます。「私は大丈夫です」と感じる人もいるかもしれませんが、この学びを職場の人達に共有し、実現に役立てていく。そんな、「他者目線」を想定した場合はどうでしょうか。

志向すべきは、「3」です。第2章で挙げた『7つの習慣』の例を思い出してください。

このケースでは、5つのチェックポイントを「**大前提**（□どんなニーズに答えるのか？）」「**施策（＝実行）**フェーズ（□組織形態は？ □どう合意形成？）」「**思索**フェーズ（□理想と道筋は？ □どんなリスク？）」の3つに分けて思考整理しています。本の中でこう分けられているわけではないため少々強引な分類ではあるのですが、これで覚えてくれる人の数を格段に増やせるはずです。

また、5つの項目はそれぞれ「デマンド」「インパクト」「リスク」「ガバナンス」「センスメイキング」となっているのですが、こうしたカタカナ用語をそのまま職場の人達に共有するかについても、実践的な観点から吟味するようにしましょう。横文字キーワードは、分かったような分からないような状態、すなわち「とびつき」思考を誘発するリスクがあるからです。

今回の目的は「実現」であり、職場の人達とも積極的にコミュニケーションをしていく必要があるため、一部の用語について読み手の判断で言い回しを変更しています。

全ては「**目的の達成に役立つか**」です。能動的なエネルギーを注ぎ、こうした思考整理や言い換えを加えることで、より仕事で活用できる。そんなイメージが湧くのであれば、作品や作者に遠慮することなく、どんどん再構築してまとめ直していきましょう。

これが、③の読書観に基づく「パーパス・リクエスト」のセンターピンです。

読書と言えば①か②の定義しかない状態の読者さんにとって、本章の内容は目からウロコが落ちる体験になったのではないかと思います。

また、既に様々な読書法に触れたことがある人にとっても、各技術が①②③のどれに対応しているか考えてもらうことで、良い整理整頓の機会にしてもらえるはずです。

後は、実際に手を動かして「紙1枚」にまとめてみること。あなたの読書に、「自分」「パーパス」「リクエスト」ドリブンという新たな選択肢が加わっていくことを願っています。

第3章のまとめを兼ねたブック・ガイド

この章では「3つの読書観」、その中でも「読み手」中心の読解を重視した「パーパス・リクエスト」の書き方・使い方について学んでもらいました。

また、「パーパス・リクエスト」自体のカギも「3つ」あり、事前に「目的」を明確にし、目的達成につながる「問い」を立て、本に答えを「要求」しながら読んでいく。

この方法なら、長くても20分程度で済むため、効率的な読書を実現できます。

「目的」「問い」「要求」の3要素を踏まえた「読み手」中心の読解が身につけば、あなたが抱える読書に関する悩みの多くが、解決できるはずです。

本章のブック・ガイドについては、まず「作品・作者・読者」の3分類に関してから。

このシンプルな切り口に至った背景は色々あるのですが、読書本なので「文学」をキーワードに挙げておきます。実際、ビジネス書にもかかわらず、ロラン・バルトの名前を出してしまいました。学生時代に出会った「作者の死」なるインパクトワードを紹介したかったのが主な理由であり、誰も誤解はしていないと思いますが、バルトが「パーパス・リクエスト」のような読書を提唱していたわけではありません。

他にも、「作品」中心の読解は、「ニュークリティシズム」と言われる考えを参考にしていますし、それ以外にも実に様々な「読み解き方」が存在します。

とにかく分かってほしかったのは、「こう書いてあるからにはこういう意味であり、これが正解です」方式以外にも、本との向き合い方は多種多様にあるのだということ。

ビジネス書にカテゴライズされるような読書本を何十冊読んでもお目にかかれないような世界が、文学には広がっています。難解な本も多いですが、例えば『文学理論講義：新しいスタンダード』は、比較的読みやすいのでオススメです。

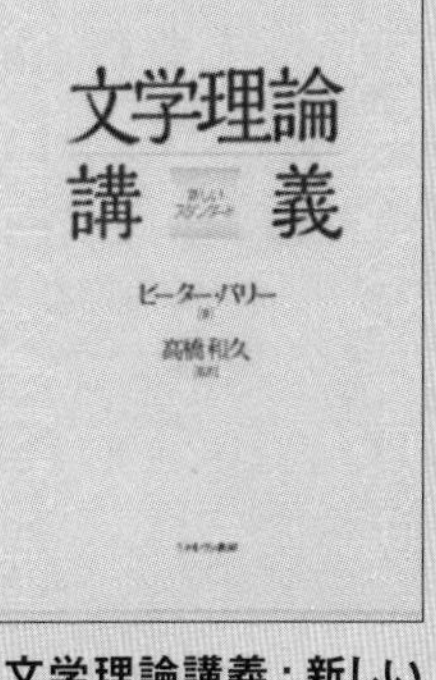

『文学理論講義：新しいスタンダード』
ミネルヴァ書房
ピーターバリー・著
高橋和久・訳

ちなみに、この本の序論で「SQ3R」なる読書法が紹介されています。これは、海外の教科書的書籍の冒頭に、効果的な学習法として時折書かれているものです。

- S＝Survey＝プレビューして、
- Q＝Questions＝問いを立てて、
- R＝Read＝問いの答えを得るように読んで、
- R＝Recall＝後で思い出し、活用できるようまとめて、
- R＝Review＝実際に思い出せるかどうか試す

以上の5ステップによる読書・学習を指すのですが、見ての通り「パーパス・リクエスト」のフレームワークと重なる部分が多々あります。実際その通りで、私は大学時代に「SQ3R」の類似概念である「PQRST」方式による読解法を知り、20年以上実践しています。

こうした読書法（学習法）への認識を深めたい方は、バリーの本を1つのきっかけにしつつ、この手のキーワード検索をかけてさらに学びを広げていってください。

もう1冊、拙著で恐縮ですがこの本もぜひ読んでみてください。

『すべての知識を「20字」でまとめる　紙1枚!独学法』
SBクリエイティブ
浅田すぐる・著

『すべての知識を「20字」でまとめる　紙1枚!独学法』。以下、『20字』本と表記していきますが、本章で紹介した「パーパス・リクエスト」と類似のものが、この本にも掲載されています。むしろここでは、『20字』本も読んでくれている読者さんに向けて、フレームのカタチが今回変わっている理由のケアをさせてください。

発刊から3年以上経過しましたが、おかげさまで今でも反響が続くロングセラーにしてもらっています。とはいえ、読者メッセージの中には「型を書くのが大変」「もっとシンプルにしてほしい」といったリクエストもありました。作者としては十分に簡素化したつもりだったのですが、『20字』本レベルでもまだ面倒だと感じられてしまうのか……。

こうした体験があったからこそ、そもそも「めんどくさいのは悪いことなのか」レベルから、本書をスタートしました。

加えて、『20字』本では3つの異なる型を紹介しましたが、今回はとうとう「1パターンだけ」に集約しています。これ以上減らしようがないところまでシンプル化しつつ、「たった1つの型」でも様々な目的に活用できることを目指しました。

「1つだけ」だから実践しやすいのか、「3つくらいを組み合わせた」方が有効に機能するのか。私自身は、実は後者の方が多様な現実には対応しやすいと認識しています。

ただ、本書では『20字』本との重複を回避しつつ、新たな読者ニーズにも応えていきたいと考えているので、今回は「たった1つの型による一騎当千」を目指しました。

この試みの評価は、「読み手」に委ね（ゆだ）るしかありません。できましたら、両方の型を読み比べ、またこれから実践する中で、あなたの感想を聞かせてもらえると嬉しいです。

第2部
読書で知識の深掘りをする

セレクト
SELECT

第4章

「何を読んだらいいか分からない……」を解決する「紙1枚」選書術

「セレンディピティ・セレクト」で知識を広げる

幸福が、究極的で自足的なものであり、行為において追求されるところの目的であることは明らかである。

——アリストテレス『ニコマコス倫理学』

「読みたい本が多過ぎて困ってます……」

第1部では、「読み手＝読者」にフォーカスした話を3章分扱ってきました。第1章で「心構え」レベルの本質を学び、第2章では「動作」レベルの実践知を得ました。「マインドセット」と「スキルセット」。この2つを携え、本書のメインテーマである「読書」と向き合ってみたのが、前章の第3章でした。

難解な本でもガンガン読みこんでいける読解力を、本書では前提にしていません。

そうした現状はそのまま肯定したうえで、それでも「本を仕事や人生に活かすにはどうしたらいいか？」を考え、現実的かつ実用的な超時短・超実践的読書法として提案してみました。「自身の目的達成」を最優先にした「能動的」な本との付き合い方。実は、この感覚が豊かになってくると、読書にまつわる「ある重要な悩み」を解消することができます。

「どの本を読めばいいのか分からなくて……どうしたら良いのでしょうか？」

日本では毎年、約7万点の書籍が発刊され続けていきます。

加えて、ここ10年でデジタル端末を活用したオンライン学習も一般化しました。

動画、音声、図解、ブログ、等々。従来の書籍にオンラインコンテンツも加わった令和においては、「本を読む能力」以前に、次の力も求められるようになってきました。

本を選ぶ力　＝　「選書」力

第2部は「読み手＝読者」ではなく、「書き手＝作者や書き物・読み物＝作品」の方にフォーカスした本質理解＆実践機会を、3章分用意しました。このうち、本章では、「どの作品＝本を読むべきか？」、すなわち「選書」の本質について学んでいきます。この本質を掴むことができれば、選書にまつわる悩みは解消するはずです。加えて、「何のために本を読むのか？」といった根本的なテーマに触れていきますので、「自身の価値観を客観視し、見つめ直す機会」にもなり得ます。どうか、「たかが選書」などと軽視しないでください。深く向き合えば向き合うほど、「選書が変われば、人生が変わる」といっても過言ではないレベルのインパクトにつながっていく。

第4章はそんな内容です。紹介しているワークを実際にやりながら、本章の「紙1枚」体験を良いきっかけにしていってください。

「インプット」でも「アウトプット」でもない、時代は「セレクト」だ！

ビジネス書の世界において、読書法の本は3つに大別することができます。1つは「インプット」を重視した本。もう1つは、「アウトプット」にフォーカスしたもの。最後は、「その両方が大事だ」とする中庸スタンスの書籍です。この本を執筆するにあたって、改めて主だった読書本に目を通したのですが、1つ不思議に感じたことがありました。

なぜこの時代に、「インプット」でも「アウトプット」でもなく、「セレクト」にフォーカスを当てた本がほとんどないのか？

ただ、実際に本を書き出すと、この疑問はすぐに解消しました。選書に関しての本質はごくわずかで、とても1冊の本レベルにはなりそうにありません。少なくとも私が見出している「セレクト」の本質は、漢字6文字分にまとまってしまいました。

古典　知見　御縁

図2-1　「紙1枚」で選書のお悩みを解決する

11/11 最近触れた本	000	Q?　私の「選書」にはどんな傾向があるのか？	
000	000	A?	
000	000	具体的には？	3
000	000	1	2
000	000	なぜそのような傾向？	3
000	000	1	2
000	000	今後の選書は どうしていく？	3
000	000	1	2

赤：――　緑：――　青：――

あとはもう1つ、この3つに加えて本書ならではの処方せんがあると言えばあるのですが、それについては最後にプラスアルファとして紹介します。

自分の読書傾向を探る

ところで、これからこの章を読み進める前に、できれば事前に書いておいてほしい「紙1枚」があります。第3章のブック・ガイドでも触れたとおり、フレームの書き方は相変わらず「一騎当千の1パターン」です。図2－1のように作成してみてください。

まずは右半分の解説です。今回は一番右上の「**Q?**」に、青ペンで「**私の本の選び方には、どんな傾向があるのか?**」といった問いを書いてみてください。

その下の「3つの質問」欄は、緑ペンで予め記入をしておきます。上からそれぞれ、「**具体的には?**（Ｗｈａｔに対応）」「**なぜ、こうした傾向?**（Ｗｈｙに対応）」「**今後の**

選書はどうしていく？（Ｈｏｗに対応）」と書いておいてください。

続いて、左半分の「メモ欄」パートを活用していきます。まずは**緑ペン**で日付と、テーマについては「**最近触れた本**」と記入してください。

ちなみに、これまで解説していませんでしたが、日付を書く理由は「後で検索する際に探しやすいから」です。「２０２１年」「令和三年」といったレベルまで書いている読者・受講者さんもいますが、どこまで詳しく書くかは自由に決めてもらって構いません。

続いて**青ペン**に切り替え、実際に最近触れた**本のタイトル**を記入していきます。長いタイトルのものは、自分が理解できる範囲で適当に簡略化してもらってＯＫです。

それと、あくまでも「触れた」と記載している点に留意しながら、書き出してください。どういうことかというと、買った本、借りた本、既読本、未読本、そのうち読みたいと思っている本、何となく気になっている本、等々、できるだけ幅広く捉え、たくさんリストアップしてほしいのです。３〜５分程度かけて書きだしたら、以降を読み進めていってください。

「選書」の本質：「古典」を読め

一定の評価を勝ち得た読書法の本であれば、どの本にも大抵こう書いてあるはずです。「選書に迷ってる暇があったら、古典を読め」と。

図 2-2 あなたのセレクションに「古典」はあるか

11/11 最近触れた本	000	Q? 私の「選書」にはどんな傾向があるのか？	
000	☆ 000	A?	
000	000	具体的には？	3
000	000	1	2
☆ 000	000	なぜそのような傾向？	3
000	☆ 000	1	2
000	000	今後の選書は どうしていく？	3
000	000	1	2

赤：——　緑：——　青：——

私も、このメッセージについては100％同意です。次章の第5章では、「紙1枚」を活用した古典との付き合い方も紹介していきます。

幸いにして、新刊と違って古典の増加ペースは極めてゆっくりです。第1章で紹介した『ファスト&スロー』は、この10年で新規に追加された古典の1つだと思いますが、同じように古典化した本はごくわずかです。

「ウサギとカメ」の喩(たと)えで言えば、古典の歩みはまさに後者。そして、中長期的に差がつくのもまた、カメの歩みである古典の方です。名もなき著者の本など本書を最後にして、あとはひたすら古典を読む。選書の本質は、これに尽きると言っても過言ではありません。

さて、先ほど作成した「紙1枚」の左半分を眺めてみてください。古典はどのくらいあるでしょうか。定義や判断は主観的で構いませんので、該当しそうな本があれば、**赤ペン**で☆**印**をつけておいてください（図2－2）。1冊もない場合は……とりあえず次のプロセスに進みましょう。

選書の目的を3つに分けてみる

「古典なんて1冊もない……もっと名著も読みます！」となった人も多いと思いますが、だからといってダイレクトアタックを試みると何が起きるのかと言えば……大半は途中で挫折してしまうのではないでしょうか。本書は、これからファスト読書を脱却していきたい人に向けた本なので、「古典を読め、以上」と言って読者をフリーズさせるようなスタンスは採りません。「古典を読もう」系とは異なる観点から、「選書」について考えてみたいのです。

そこで登場するのが、2つ目の本質である「知見」。

これはどういう意味かというと、まずは「知見＝見知っているかどうか」と文字通り解釈してみてください。そして、そこから3つの言葉を導き出してみます。

「未知」か、「既知」か、「無知」か

ここから、「選書の目的」を次の3つに整理することが可能です。

「選書」には「3種類」ある：

・セレクトA：「未知」を「既知」に変えるために読む
・セレクトB：「既知」を更なる「既知」へと強化するために読む
・セレクトC：「無知」を自覚することで「未知」を増やすために読む

まず、「セレクトA」は「未知→既知」を目的とした本の選び方です。何か分からないことがあり、その「不明点を解消するため」に本を探し、選んでいく。

通常、選書や読書の目的として真っ先に思い浮かぶのは、このスタンスのはずです。「本を選ぶ動機に、これ以外何があるのか」と感じている人も多いと思います。

実際には、少なくともあと2つ目的があり、特に次の「セレクトB」は要注意です。

「既知→既知」の選書とは一体何なのかというと、これは要するに「同じような内容の本ばかりを選択する」セレクト傾向となります。

例えば、ある著者のファンになり、気づけばその人の本しか読んでいない状態。あるいは、大切な教訓が書いてある本に出会ったので、自身に沁み込ませるべく同じ本を、もしくは同様のことが書いてある類書を、ひたすら繰り返して読むといった場合などが該当します。

特にビジネス書の場合、「読んだらお終(しま)い」ではなく、「読み終わってからがスタート」となる本が大半です。読書を通じて学んだ内容を身につけるために、すなわち「既知」となったものを更に臨場感ある「既知」へと強化するために、同じ本／同じような本を反復する。

この選書スタイルは、ビジネス書においてこそ重要といった言い方もできます。

「同じような本ばかり読む」は悪いことなのか？

私は20代の頃、フォレスト出版さんのビジネス書を読みまくっていた時期がありました。当時はビジネス書ブームで、フォレスト出版はその牽引役を担うような勢いで多数の新著を刊行していました。本に関連したセミナーも頻繁に開催されていて、勤務地がすぐ近くだったこともあり、都内の出版社兼セミナールームに良く足を運んでいました。

今になって振り返ってみると、当時読んでいたこの手のビジネス書の大半は、著者は違えど、テーマも異なれど、内容レベルでは同じようなメッセージのものばかりでした。ただ、自分としてはそれで全然構わなかったし、逆にありがたい時代だったとすら感じています。

毎月のように、仕事や人生において有効なメッセージをシャワーのように浴びる。その内実は五十歩百歩に過ぎないのだけれど、そうはいっても著者やテーマは変わるので、飽きずに継続できたわけです。そんな営みを能動的に続けていれば、さすがに身にもついてきます。

第1章にも書きましたが、そのおかげで、私は独立起業を実現できました。10年にわたり、事業を継続することもできています。何より、自身もビジネス書を書かせてもらえる側になれたわけですから、**「既知↓既知」の選書スタイルは、特に「身につけるために」といった観点**

では、「未知→既知」よりも重要である。これが、実体験を踏まえた私の認識です。

能動的な選書が、人生を変えていく

ビジネス書に関するお決まりの一つ星レビューとして、「同じようなことしか書いてない」といった物言いがあります。確かに、「セレクトA」の選書観で捉えれば、既知となったことを延々繰り返されても、満足度はもう向上しません。むしろ、下がってしまうでしょう。

一方、「認識を深めたい、強化したい、身につけたい」といった「実践」目的でセレクトしている読者にとっては、異なる刺激の入り方で同じようなメッセージを繰り返し学べるため、むしろ「ありがたい」と感謝することになります。

分岐点は、「分かって満足」するのか、それとも「身につけて満足」するのか。

前者の読書観・選書観しかない人にとって、今のビジネス書の世界は実にくだらないものに見えているのだと思います。ただ、そんな既視感ばかりのメッセージについて、一体自分はどれだけ実践・体現・習慣化できているのか。

2000年代にビジネス書ブームが終焉してから既に10年以上経過しましたが、この間、一体どれだけ成長や成果、成功を積み上げることができたのか。

分かれ道は、「セレクトA」だけでなく「セレクトB」による選書を、どれだけ「能動的に」やってきたか。ここに尽きると思うのですが、いかがでしょうか。

さて、今、「**能動的に**」と書きました。

実は、この条件をクリアしないと、すなわち「受け身」の姿勢優位で「セレクトB」に陥ると、これは一転して極めてマズいことになってしまいます。

同じようなメッセージに繰り返し触れることは、見方を変えると「現状維持に安住しているだけ」とみなすこともできるからです。第1章と接続すれば、「めんどくさい」思考・「深める」思考・「没頭」思考を回避する選書ばかりをしている。そんな捉え方になります。

「書かれていることを身につけるため」という「**成長マインドセット**」的な選書ではなく、不明点が一切なく、受動的な消費レベルで済むような本ばかりを選んでしまう「**固定マインドセット**」的な選書に陥っていないか。私自身、こうした自問自答を今でも時折やっています。

したがって、「分かるか／活かすか」の先にある2つ目の分岐点は「既知→既知」を「能動的」に選択しているかどうかです。この2つの分かれ目を両方ともクリアしている限りにおいて、「セレクトB」はあなたの人生を変える選書となります。

「無知」と「未知」の読書——「問い」を得るために読む

最後は「セレクトC」、「無知↓未知」の選書です。

「無知」とは、「何が分かっていないのかすら、分かっていない状態」を指します。そんな「無知」状態を、とりあえず「何が不明か明確になった」段階、すなわち「未知」のステージまでもっていこう。「セレクトC」は、そんな動機をベースにした選書スタイルです。

ただ、「無知」と「未知」は違いが分かりにくいため、サラリーマン時代のエピソードを1つ挿入させてください。

入社1年目の配属間もない頃、私は上司の打ち合わせに、「ただひたすら同席し続けるだけ」の時期がありました。当時は会議中の会話について、「日本語を話していること以外は何も分からない」といった感想しか抱くことができませんでした。

「聴覚」としては聞こえるし、「言語感覚」としても日本語であることは分かる。

一方、その先の「意味」や「相手の意図・考え」については、全く理解することができない……。これが、「無知」を「自覚した」、もしくは「思い知った」状態です。

それでも、「何も分からないことが分かっただけ」でも、新人としては十分な前進です。「無知の自覚」さえできれば、徐々に「未知」を増やしていくことが可能となります。

「さっきから何度も登場しているから、きっとこの言葉はキーワードなんだな」「文脈から察するに、おそらくこういう意味かな」「会議が終わったら、上司に確認してみよう」等々。

能動的なアクションに繋げていければ、これはもう「未知」を「既知」に変える段階へと進展できたことになります。後は、「既知」となった言葉を繰り返す（既知→既知）ことで、仕事で使いこなせるレベルまで身につくわけです。

選書に話を戻すと、「スタイルC：無知→未知」の最大のポイントは、

「答え」ではなく、「問い」を得るために、本を選択する

現代は、デジタル空間に「答え」が溢れている時代です。

ですが、胎蔵されている膨大な答えにアクセスし、「未知」を「既知」へと変えていくためには、豊富な「問い」を自身に携えておく必要があります。

ここでいう「問い」とは、そのまま「未知」＝「検索ワード」と捉えてもらってもOKですし、もっと広い意味で「好奇心」や「不思議だなと感じる感性」などと捉えてもらっても構いません。ともかく、こうした「問い」を増やす契機となるのが、「無知の自覚」なのです。

偶然出会った本を読む

では、どうすれば「無知」を自覚し、「未知」＝「問い」を効果的に仕入れることができる

ようになるのか。そんな選書を実現するために重要となるキーワードが、「古典」「知見」の次に書いておいた3つ目の本質、「**御縁**」です。

「何が何だかさっぱり分からないけど、とにかく読んでみるか」

「無知」を自覚するためには、こういった**説明不可能な選書**も時には必要です。そのためには、必然性をできるだけ排除し、偶然による出会いを大切にする。

そういえば、「偶然による思いがけない御縁」のことを「セレンディピティ」と言ったりします。せっかく「セレクト」と頭韻が揃っているので、この選書法に「**セレンディピティ・セレクト**」なる名前を付けてみたいと思います。

「セレンディピティ・セレクト」では、「無知」と出会うために「偶然性」を活用した本選びをしていきます。敢えてややこしい書き方をすると、「**意図せざる偶然・御縁を、意図的に演出する**」選書術です。具体的には、次の3つのルートから御縁は運ばれてきます。

時間、人間、空間

最も分かりやすいのは「**時間**」軸で、これは要するに週間、月間、年間ランキング等で繰り返し目にする本を、優先的に読んでいくことです。

そのためにも、定期的にベストセラーの情報が入ってくる状態にしておく必要があります。Twitterでお気に入りの書店や出版社のアカウントをフォローしたり、テレビで毎週放送される週間ランキングをチェックする、等々。動作レベルでやれることは簡単に考えられると思うので、自分なりにイメージが湧く方法で、こうした状況を整えていってください。

定点観測的に触れられるようになると、次第に気になる書籍が増えてくるはずです。中には全く興味のない本、なぜベストセラーになっているのか理解不能な書籍もあると思いますが、むしろそういうケースほど、良い「未知との遭遇」になる可能性もあります。

何かしら好奇心や興味関心が湧くようなものから、優先して選書していきましょう。

推しの推しは推し

次に分かりやすいのは、「人軸」の活用です。あなたが尊敬している人物や、大好きでフォローしている人がリコメンドしていた本は、問答無用で片っ端から読む。むしろ、全くピンとこない本ほど、良いきっかけだと思ってセレクトしてみる。

現代的なまとめ方をすると、あなたにとっての「推し」が「推している本」なのだから、自分にとっても「推し本」になるに違いないと捉え、積極的に選書リストに加えていくのです。

最後の軸は「空間」。これは色々な場所を訪れて、そこで出会った本を大切にする選書スタイルです。例えば、普段とは違う書店を訪問してみて、そこでたまたまピックアップされていた本を読んでみる。旅行に行ったら、できるだけ旅先の書店に立ち寄ってみる。

5年ほど前、東北出張の際に訪問した書店があります。レジの近くに「女性作家」「男性作家」「雑学・時代小説」と書かれた3つの箱があり、くじ引き方式で書店員さんのおススメ本と出会えるようになっていました。「セレンディピティ・セレクト」の具体例として、最高に分かりやすいケースです。残念ながらもう閉店してしまったのですが、こうしたユニークな書店さんは他にもきっとあるはずです。ぜひ、色々な本屋さんを訪れてみてください。

「図書館の返却コーナー」に偶然の出会いがある

本書が広く普及する頃には、コロナ禍はもう収束している。そう願いながら、空間軸の選書についても臆せず触れています。ただ、たとえ旅や出張レベルが難しかったとしても、最寄りの図書館に行くことくらいなら、十分可能だと思います。その際、ぜひ立ち寄ってほしい「セレンディピティ・セレクトの御本尊」のような場所があります。

返却コーナー

図書館には、大量の本が蔵書されています。その中でも圧倒的な魅力を放つ棚こそが、「返却コーナー」なのです。なぜなら、そこに置かれているということは（空間軸）、どこかの誰かに（人軸）、つい最近（時間軸）セレクトされた。そんな実績があることの証明だからです。**時間・人間・空間の3軸を網羅した究極の御縁**が、図書館の返却コーナーにはあります。

この点に関して1つだけ、体験談を共有させてください。

もう何年前のことか忘れてしまったのですが、以前通っていた図書館の返却コーナーに、超大型の本が置いてありました。両手で持ち上げてみると、『一字ひとこと』と書かれていました。開いてみると、美術家・書家である篠田桃紅さんの作品と、そこに短い文章が添えられた構成の本、というより作品集になっていました。

当時、篠田桃紅さんのことは存じ上げていなかったのですが、物凄いエネルギーを感じ取ったため、かばんに入らないのに思わず借りてしまい、苦労して自宅に持ち帰りました。その後の読書・鑑賞体験は本当に極上のもので、すっかりファンになってしまいました。

『墨を読む――一字ひとこと』
講談社
篠田桃紅・著
※この写真は文庫版のものです

今年、107歳で亡くなられたニュースを見た時は大きなショックを受けましたが、本を再読するきっかけにもなりました。加えて、どういう経緯で出会ったかを思い出す中で、「セレンディピティ・セレクト」のインスピレーションを得ることができました。

そういう意味では、この章の知識自体が、篠田桃紅さんとの御縁によって創造されたといった言い方もできます。この場を借りて哀悼の意を表しつつ、このようなセレンディピティを紡いでくれた図書館の返却コーナーに深く感謝したいと思います。

以上、3つの切り口から「セレンディピティ・セレクト」による選書を紹介しました。ピンとくるものがあれば、ぜひ自身の読書ライフに加えてみてください。

自分の読書傾向をチェックしよう

これで「古典、知見、御縁」、選書にまつわる3つの本質解説が完了しました。ここでもう一度、本章の冒頭で作成してもらった「紙1枚」を眺めてみてください。

そして**赤ペン**を取り出し、残りのプロセスを完了してしまおうと思います。

まずは「知見」の観点から。

強いて言うならで構いません、主にセレクトA「**未知↓既知＝不明点の解消**」を目的にセレクトした本があれば、それを○で囲んでください（図2－3）。

同じように、セレクトB「**既知↓既知＝身につける、修得する**」ために選んだ本なら、今度は△で囲んでいきましょう。その際、1つだけ注意点があって、今回は積極的に重ねることはせず、逆に「囲み分ける」ことの方を優先してください。

最後に、セレクトC「**無知↓未知＝問いを増やす**」観点での選書がもしあれば、それを□で囲んでみる。これも、1つ目2つ目の質問と重なる本も出てくるとは思いますが、できるだけ「区分けする」つもりで取り組んでみてください。

これで、あなたの選書傾向が「紙1枚」上に「見える化」されました。第2章で紹介した「優

図 2-3　自身の選書傾向を「紙1枚」で客観視する

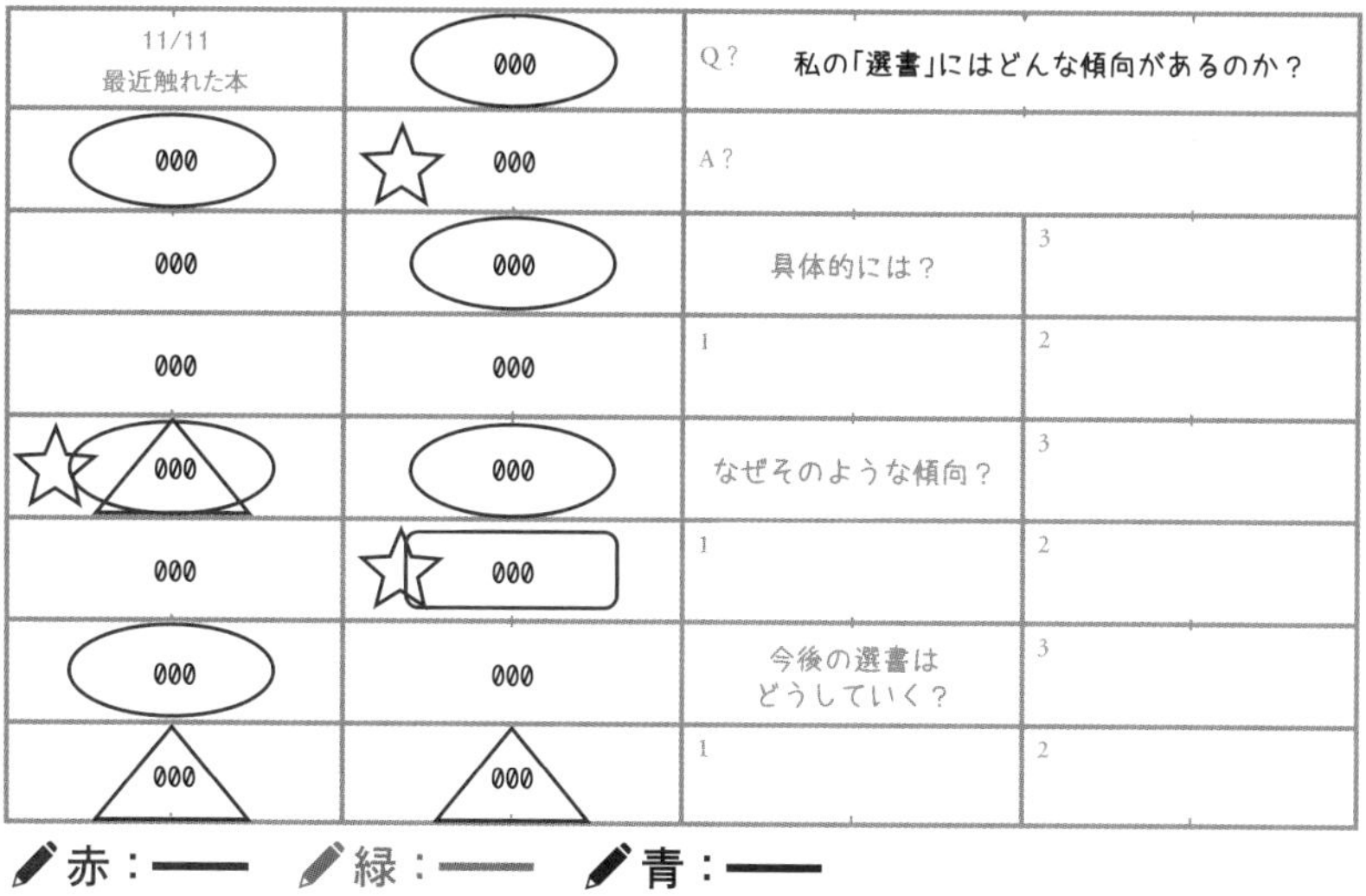

11/11 最近触れた本	000	Q? 私の「選書」にはどんな傾向があるのか？	
000	000	A?	
000	000	具体的には？	3
000	000	1	2
000	000	なぜそのような傾向？	3
000	000	1	2
000	000	今後の選書はどうしていく？	3
000	000	1	2

赤：——　緑：——　青：——

先順位をつける」や「見える化」するための「動作」が、ここでも効果的に活用されていることを確認してください。

続いて、「**御縁**」のフィルターも重ねてみます。これはもう、ペンで追加記入する必要はありません。ここまでの思考整理が反映された「紙1枚」を眺めながら、セレンディピティを活用した選書がどのくらいあるか。説明可能な、ロジカルでつまらないセレクトばかりしてしまっていないか。そんなことを、ひとしきり考えてもらえばＯＫです。

最後に、「A?」欄に自身の本の選び方の傾向を**赤ペン**で記入してみてください（次ページ図2－4）。その際、いきなり埋められない場合は、先に右下部分の思考整理をやってもらっても構いません。

「具体的には?」「なぜそのような傾向?」「今後の選書はどうする?」についての答えを**青ペン**で記入し、そこから帰納的に「A?」を見出してもらった方が、今回は取り組

図 2-4　自身の選書傾向を赤ペンで一言集約してみる

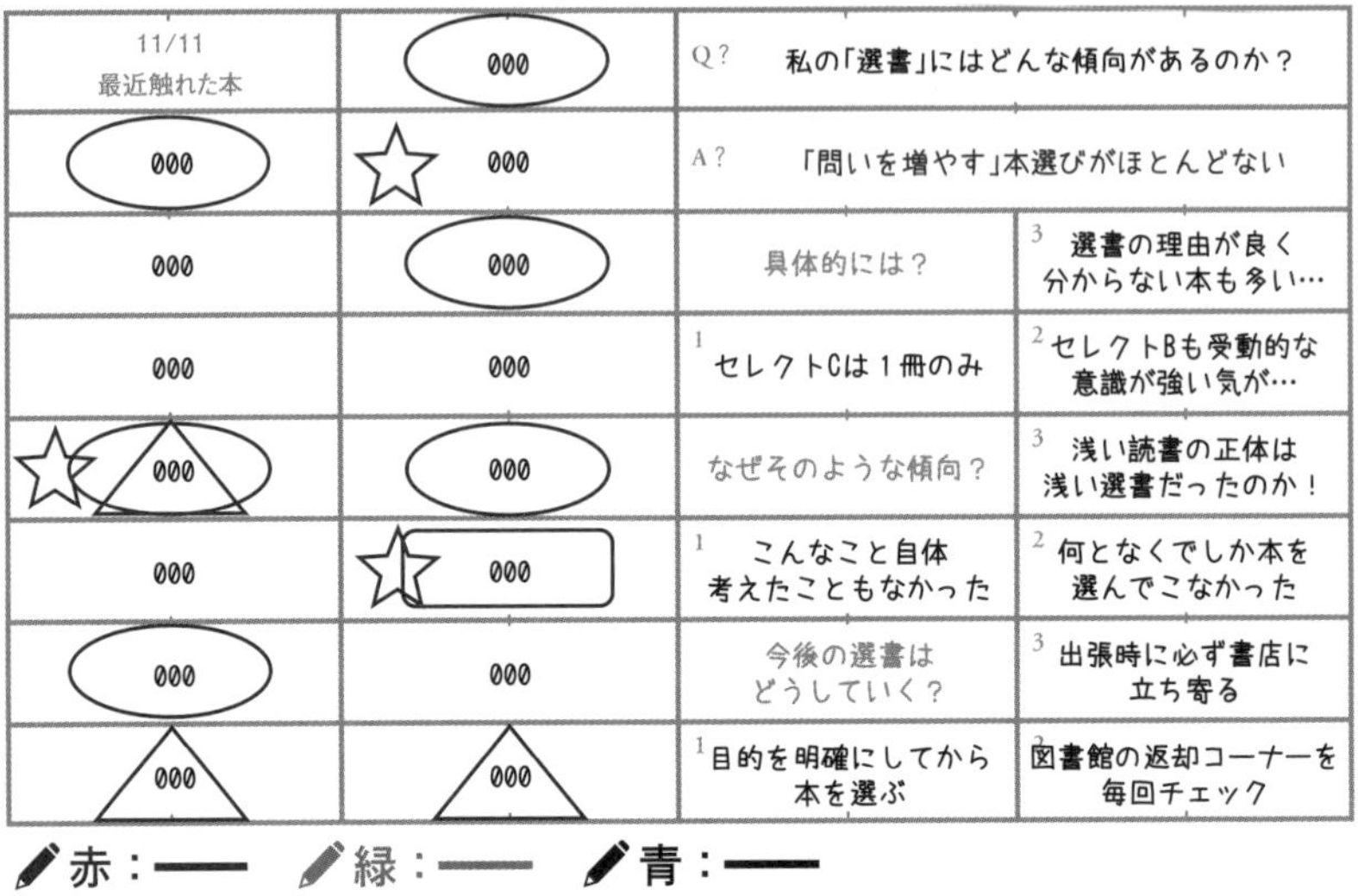

11/11 最近触れた本	000	Q? 私の「選書」にはどんな傾向があるのか？	
000	☆ 000	A? 「問いを増やす」本選びがほとんどない	
000	000	具体的には？	3 選書の理由が良く分からない本も多い…
000	000	1 セレクトCは1冊のみ	2 セレクトBも受動的な意識が強い気が…
☆ 000	000	なぜそのような傾向？	3 浅い読書の正体は浅い選書だったのか！
000	☆ 000	1 こんなこと自体考えたこともなかった	2 何となくでしか本を選んでこなかった
000	000	今後の選書はどうしていく？	3 出張時に必ず書店に立ち寄る
000	000	1 目的を明確にしてから本を選ぶ	図書館の返却コーナーを毎回チェック

赤：——　緑：——　青：——

みやすいかもしれません。この作成者さんのケースでは、最終的に**「問いを増やすための本選びがほとんどできていない」**といった気づきを得ることができました。

他にも、**「古典が全くなかった……」「悪い意味でのセレクトBばかりだった……」「意図的に偶発的な選書を増やすなんて考えたこともなかった……」**等々。この「紙1枚」を作成する体験が、あなたにとっても良い気づきの機会となれば嬉しいです。

加えて、今回のワークについて「めんどくさい」を厭わずに、「深める」思考で、「没頭」して取り組めば取り組むほど、選書に限らず、自身の固定観念やバイアス、根本的な価値観などを客観視する契機になる人も出てくると思います。

本章の冒頭で書いた通り、「選書が変わる」は、「人生が変わる」レベルのインパクトを秘めたテーマです。ぜひ、今回限りでは済まさずに、折に触れて何度もやってみてください。

パーパス・リクエストで、全ての本が良書になる

本章を終えるにあたってもう1つだけ、「究極の選書法」を紹介しておきます。

第3章で学んだ「パーパス・リクエスト」を実践して本を読めば、実は選書の悩み自体が消滅してしまうといった話です。

あれもこれも読んでいる時間はない。読書に割ける体力的エネルギーにも、予算にも限界がある。だからこそ、「どうやって選ぶか」にこだわってきたわけですが、その一方で……。

私達は前章で、「自身の目的達成につながりさえすれば、作者や作品を絶対視する必要はない」と学びました。この本質を応用すれば、選書に関して、次のような捉え方をすることが可能になるのではないでしょうか。

「目的の達成」に役立ちさえすれば、「全ての本」が「良書」になり得る

ある人が、ある本を酷評していたとしましょう。どうやら世間的にも、あまり評判は良くないらしい。一方で、あなたはその本を使って、自身が抱えている悩みを解消できたとします。

とはいえ、社会的には悪書です。この本は、選書すべきではなかったのでしょうか……。

こう問われれば、おそらく誰もが、「いや、そんなことはない」と答えるはずです。

一体何が言いたいのか。

「目的達成に役立つか」は、書籍や著者の評価を超越し得る選書基準なのです。だからこそ、1時間かけて選書するくらいなら、目的達成につながりそうな本を、とにかく片っ端から読んでみる。幸い、前章の読み方なら、1冊あたり15分前後あれば十分です。

もちろん、全く目的達成には関係なかったケースもあるでしょう。それでも、たとえ3冊やったとしても1時間で済みます。その中で1冊、目的達成につながる学びが得られたのであれば、他の2冊の選書について「貴重な時間をムダにした」などとはならないはずです。

この選書の「主役＝責任を担っている」のは「あなた自身」の方であり、書籍の側に落ち度はありません。ただ、御縁がなかった。今回の目的とはかみ合わなかった。それだけのことです。第3章で紹介した『ＤＸの思考法』の例を、この機会にぜひ思い出してください。

どんな本も読み方次第

加えて、良書・悪書を問わず、とにかくどんな本からでも目的達成に役立つ学びを得るぞといった強烈な目的意識、当事者意識があれば、実際に何かしらの学びを引き出すことは十分可能です。良書・悪書でピンとこなければ、全く異なるテーマの本や、漫画や絵本といったジャンル外の書物と捉えてもらっても構いません。

『はらぺこあおむし』
偕成社
エリック・カール・著
もり ひさし・訳

例えば、蝶の変態（メタモルフォーゼ）を題材にした絵本『はらぺこあおむし』を通じて、私達は「**継続して没頭すれば、いずれ全く別次元の変化に至れる**」といった教訓を受け取ることができます。そこで、例えば「Q？」に「**劇的成長の本質とは？**」と記入してみる。そして、先ほどのメッセージを「A？」の方に埋めてしまうのです。そうすれば、たとえ選書が絵本であったとしても、「パーパス・リクエスト」を実践できたことになります。

「どんな本でも、読むからには何かしら有意義な学びを引き出していく＝能動的な読書観・選書観」があれば、実際に何とかなるものなのです。

とはいえ、「パーパス・リクエスト」に関してこうした感覚が得られるのは、それこそ、「コツコツ継続した先」のことになります。ゆくゆくは、読む本全てを良書にしていく。そんな未来を見据えつつ、「月曜・火曜・水曜……」と繰り返し「紙1枚」を書いていってください。

第4章のまとめを兼ねたブック・ガイド

この章では、「選書」の本質を扱いました。

読書とは、セレクト（選書）した書籍をインプット（読解）し、アウトプットする営みです。したがって、素直に考えれば、第3章で「セレクト」の話をし、第4章で「インプット」の話をする。それが自然な流れです。

にもかかわらず、本書ではセレクトの話を後に持ってきました。その理由は、第3章のような「読者ドリブン」「目的ドリブン」のインプットが当たり前になれば、選書の悩みが根本から解消し得るからです。

選書の本質自体は大切な話ですし、類書ではあまり見かけない内容も盛り込めたと思います。ただ、だからこそステップ論で理解してほしいのです。本書の読了後、当面はセレクトの本質を存分に活かして、本の選書を行っていってください。

その後、「パーパス・リクエスト」の経験値が上がってきたら、この章のプライオリティは下げてほしいのです。縁あって読むことになった本については、どれであっても何かしら学びを引き出すつもりで読む。そんな能動性・主体性・積極性を大切にしてほしいと願っています。

さて、ブック・ガイドについては、3冊紹介させてください。まずは1冊目。

『積読こそが完全な読書術である』
イースト・プレス
永田希・著

本章では一風変わった選書観を提示させてもらいましたが、この本でも相当ユニークなセレクトのあり方を学ぶことができます。「選書したら、後は積ん読しておくだけでもいい」。この1行への認識を深めたい方は、ぜひ手に取ってみてください。

続いて2冊目です。

MINDSET
マインドセット
「やればできる!」の研究
The New Psychology of Success
ビル・ゲイツ、絶賛!
20年にわたる調査で
科学的に実証された
人生を変える
最強メンタルの作り方!!

『マインドセット「やればできる！」の研究』
草思社
キャロル・S・ドゥエック・著
今西康子・訳

「既知↓既知」の選書について話した際、何の説明もせずに「成長」マインドセット／「固定」マインドセットといった表現を使ってしまいましたが、そのルーツがこの本です。あの部分は本当に注意深く読み解いてほしかったところなので、この場でも補足をさせてください。

「成長」マインドセットと「固定」マインドセット、そのどちらであっても、表面的には「同じ本を繰り返し読んでいる」点では同じです。それを「能動的」に、「身につけてやるぞ」と思ってやっているなら、「成長」マインドセットの方になります。一方、それを「受動的」に、「心地いいから」くらいのノリでやっているなら、「固定」の可能性を疑ってみてください。

ただ、さらにややこしい話があって、いたって「能動的」に、「心地いいから」を選択しているケースも現実にはあり得るのです。

能動的に現状維持を選択し、本人は「成長」マインドセットだと思い込んでいる。

そんな、「隠れ固定」マインドセット、あるいは「なんちゃって成長」マインドセットとでも言うべきビジネスパーソンに、これまで少なからず遭遇してきました。

もし、何かしらピンとくるものがある人は、ぜひこの本を読んでみてください。そして今後は、人生レベルのメタモルフォーゼにつながっていく「セレクトB」を増やしていきましょう。

3冊目です。どこで紹介しようか迷いましたが、結局ここに載せることにしました。

『独学大全　絶対に「学ぶこと」をあきらめたくない人のための55の技法』
ダイヤモンド社
読書猿・著

実は、この本の346ページに「図書館の返却コーナー」の話が出てきます。この部分を読んだ時、私は「同じ本質を見出している人がいた！」と嬉しくなってしまいました。と同時に、「こんな話まで書いてくれているのか……」と困ったのも事実です。

私が読書に関して大切にしてきたこと、本質として掴んでいることの大半は、『独学大全』に書かれています。なので、本書のコンセプト・メイキングやコンテンツ・クリエイションには本当に苦労しました。結果的には、相乗効果的に学んでもらえるユニークな本にできたと思いますが、ともかく今回、最大にして最高のベンチマークとさせてもらった書籍が、『独学大全』です。本章に限らず、ほぼ全ての章の参考文献になり得るので、ぜひ読み比べてもらいながら、読書の本質をさらに極めていってください。

クオート
QUOTE

第5章

「紙1枚」で古典を身近なものにする

「クラシック・クオート」で名著の内容を忘れずに、仕事や人生に活用する

その人の生前における真実の深さに比例して、その人の精神は死後にも残る

——森信三『修身教授録』

前章では「作品＝どの本を読めばいいか」の本質を扱いました。その際、主だった読書本はどれも「古典を読もう」と言っていて、でも実際に読んでみると大半の読み手は歯が立たなくて……といった話もしました。

本書は、まさにそのような悩みを抱えている読者さんに向けて書いています。そこで、この章ではビジネス書らしく、非常に現実的な古典とのかかわり方を提案してみるつもりです。

たとえ自身の読み解きに自信がなくても、その現状のまま古典を身近なものにしていける。古典に親近感を見出し、仕事や人生を構成する要素として加えていくことができる。

そんな付き合い方を、これから紹介したいと思います。

仕事の際、古典はどう活用されているか

試しに、仕事やその他の場面で、古典を使いこなしている人に出会った時のことを思い出してみてください。すると、社長の年頭あいさつや、大規模なプレゼンの1シーン等、大人数でのシチュエーションばかりが浮かんでくるのではないかと思います。

そうした場面で、その人達が具体的に何をしているのか観察してみると、

クオート＝引用する

ビジネスの場面に限定すれば、私達が古典を活かす動作は、「引用」がメインとなるはずです。「この名言が響いた」「この言葉を大切にすることで、難局を突破できた」「今こそ、このメッセージを皆さんに改めて問いかけたい」等々。

古典の全体的内容や時代的位置づけについて説明する機会よりも、名著の中にある一部分・一節が刺さった、響いた、大切にするべきだといって引用するシチュエーションの方が、圧倒的に多いのではないでしょうか。

古典を身近にするカギ＝クオート

ここで、第3章で学んだ③「読者」中心の読解を思い出してください。本書では「これから読書力を高めていきたいビジネスパーソン＝読み手」と想定しています。

であるならば、全文を精密に読み解き、同著者の別の本もカバーし、その作者の半生や作品の時代背景についても一通り掌握しておく。そんな①「作品中心の読解」や②「作者中心の読解」については、まだ苦手意識があるはずです。

だからこそ、そういった読解は有識者の方々にいったん任せてしまいましょう。代わりに、仕事に活かすべく、「引用」を主目的＝パーパスにして、古典という「作品」や偉人という

「作者」とかかわっていく。そんな古典活用法を提案してみたいのです。

だからこそ、本章の章扉に「QUOTE（クオート）」と添えておきました。最初から最後まで古典を読むスタイルにはこだわらず、とにかく心に留めておきたい一文に出会ったら、それをいつでも「アウトプット＝引用できる」ようなカタチでまとめておく。押し花でも作るようなつもりで、ひと手間かけて、すなわち「めんどくさい」思考・「深める」思考・「没頭」思考を働かせて、体験記憶となるように名言をその身に刻み込んでおくのです。一体どうすれば、そんなことが可能になるのか。

「動詞」で済ませない＝「動作」レベルの答えは……今回も「紙1枚」書くだけでOKです。これまで「パーパス・リクエスト」「セレンディピティ・セレクト」と銘打ってきましたので、本章でも、「クラシック・クオート」と名前を付けて分類したいと思います。

枠組み自体は、前章までと引き続き同じです。

ただし、この章の目的は「クオート＝引用」なので、この「紙1枚」はいきなり「A?」が埋まるところからスタートします。このように、「型」は毎回同じですが、「記入の順番」や「フレームの意味内容」は各章で多少変わっていきます。

何が変わってくるか丁寧に確認しながら、実践を積み上げていってください。

改めまして、今回はまず「A?」を埋めていきます。本を読んでいて、名言に出会った。もう少し現実的な言い方をすると、古典の一部分や古典の解説書を読んでいた時に、「おおお！」と思わず唸(うな)るような言葉に遭遇することがあったとしましょう。

あるいは、最新のビジネス書を読んでいたら、そこに名著の言葉が引用されていて、何だかとても響いてしまった。この場合はもはや古典の読書ではありませんが、もしかすると一番現実的なシチュエーションかもしれません。

いずれにせよ、そこで一時的に感動してお終いとするのではなく、そのインパクトを言語化しておきたいのです。後で再現できるように、引き出せるように思考整理しておく。

そんな「スロー」な営みを、最小限のめんどくささで実現するための道具立てが、「紙1枚」読書法です。

今後、名言と出会ったらすかさず、**緑ペン**で「**クラシック・クオート**」のフレームを書いてみてください。そして**赤ペン**に切り替え、その名言を「Ａ？」の欄に記入してみてほしいのです。

「紙1枚」書くだけの古典活用法

165ページ図2－5の例では、安岡正篤さんの『運命を開く』を取り上げました。

『運命を開く』
プレジデント社
安岡正篤・著

「安岡正篤なんて、そんなに古い本じゃないのでは」と感じた人もいるかもしれませんが、私と同じ80年代生まれ以降の友人知人で、安岡正篤さんを知っている人はほぼいません。

何を以て（もっ）クラシックとするかは主観的で構いませんし、「目的は名言と親しむこと」なので、どの本でやるかは柔軟に捉えてください。

この本には、「**有名無力　無名有力**」なる言葉が登場します。個人的にとても響いたので、この名言を血肉化するべく、今回「紙1枚」にまとめてみたわけです。

「A?」に「**有名無力　無名有力**」と書いたら、今度は周辺のフレームを記入していきます。この名言について、「What?」「Why?」「How?」の3つの疑問を解消するように思考整理するとしたら、一体どんな問いを立てるべきなのか。

緑ペンを持ちながら、自分なりに様々な質問を考えてみてください。「深い」思考を働かせ、今回は最終的に、「**どういう意味?**」「**なぜ響いた?**」「**どう活かす?**」と記入しました。

図2-5　心に残った名言を深掘りする

11/11 運命を開く	000	Q？　成功者が最初に知るべき名言とは？	
000	000	A？　有名無力　無名有力	
000	000	どういう意味？	3 無名のまま精進していた方が成長できる
000	000	1 有名になると成長がとまる	2 多忙を言い訳に慢心し、無能に陥る
000	000	なぜ響いた？	3 エリクソンの本と接続し認識を深化
000	000	1 役職者ほど無能になるメカニズムが判明	2 多忙＝善というバイアス是正
000	000	どう活かしていく？	3 有名人の栄枯盛衰に当てはめてみる
000	000	1 読書の時間確保を最優先にしたキャリア	2 最近、有名無力化している友人に紹介

赤：――　緑：――　青：――

後は、各問いの答えを**青ペン**で埋めていきます。

いきなり埋められない場合は、書籍の該当箇所を改めて開き、名言の周辺を読みながら役に立ちそうなキーワードを拾っていきましょう。それらを左半分の空きフレームに埋め、キーワード集として活用しながら、ポイント3つ以内で右半分をまとめていけばOKです。

最後に、残った「Q？」も埋めてみます。

この名言が響くような悩みやシチュエーションを設定し、「**有名無力　無名有力**」が回答になるような質問文を、逆算的に書いてしまうのです。この例では、「**成功してしまったら、まず最初に知っておくべき名言とは？**」を問いにしました。

ただ、「Q？」の記入は必須ではありません。難しければ空欄のままでも構わないのですが、こうやって埋めておくことで、様々な場面で役立つ可能性を高めることができます。

今後もし、例えば職場の部下や後輩に慢心が見えてきたら……。あるいは、組織全体が過去の成功体験に固執していることに危機感を抱いたら……。

そんな時に、面倒でも予め「Q?」を埋めておけば、この名言を思い出す際のトリガーになります。実践機会が少ない現段階ではピンとこないかもしれませんが、忘れてしまうこと自体は、大きな問題ではありません。それよりもはるかに大切なのは、「思い出せる」こと。そのために、こうしたひと手間をかけ、思考を「深める」体験をしておきたいのです。

無事に想起できれば、あとは資料やプレゼンの場でガンガン引用していきましょう。例として、営業部門の定例会議におけるマネジメントからの冒頭挨拶のイメージを載せておきます（今回は必ずしも「紙1枚」に沿って話す必要はありません）。

〝昭和の頃、多くの成功者や政治家が師事した安岡正篤という人がいます。
「有名無力 無名有力」は、そんな安岡さんの言葉です。
成功して有名になれば、それだけ忙しくなる。慢心もする。
その結果、自身の成長を怠ってしまう。
次第に無力となるが、相変わらず有名であるプライドには固執する。
「有名無力 無名有力」は、そんな本質が凝縮された8文字だと私は思います。

わが社は昨年、過去最高益を達成しました。

一方、今年の業績はどうでしょうか……。去年の成功体験に浮かれ、業界的にもチヤホヤされた結果、我々は今、まさに「有名無力」に陥っていないか。

この8文字を念頭に置きながら、今日の会議に臨んでください。では、始めます〟


以前、社長秘書をされている受講者さんがいて、その方は毎月の訓示的プレゼンの資料作成に悩まれていました。そこで、この「紙1枚」と類似の型を手渡したところ、「3年分くらい名言のストックができました！」と言って、パワフルに活用してくれていました。

たとえそのような業務に従事していない人であっても、このフレームワークが身近になれば、様々な古典（作品）や偉人（作者）への親近感を高めていけるはずです。また、実践のしやすさとしても、第3章の「パーパス・リクエスト」よりさらにハードルが下がるはずです。「紙1枚」にまとめる読書法に慣れる意味でも、ぜひ気軽に取り組んでみてください。

名言を自分なりの言葉に言い換える

もう1つ、「クラシック・クオート」の事例を紹介しておきます。

今回は、古典的名著というよりも、古典的名著からの抜粋集といった位置づけの本である、

『坂村真民一日一言』を選びました。このような書籍であれば、さらにハードルは下がると思います。図2−6を見てください。

『坂村真民一日一言』
致知出版社
坂村真民・著

この「紙1枚」を見て「あれ?」となってしまったと思いますが、今回は少しだけフレームをアレンジさせてもらいました。といっても変更点は1つだけで、左半分の真ん中にタテ線を引く際、一番上からではなく中央のヨコ線から下に引いてほしいのです。

これをやることで、「A?」のフレームに収まりきらない分量の名言に出会ったとしても、左上の3行分のスペースに記入することができるようになります。

〝本を何百巻読んでも、本ものにはなれない。本は頭を肥やすが、足は少しも肥やしはしない。足からきた悟りが、本ものである〟

『坂村真民一日一言』(坂村真民　致知出版社)

図 2-6　長めの名言も、この型なら「紙 1 枚」にまとめられる

11/11 『坂村真民一日一言』		Q? 読書の本質とは？	
本を何百巻読んでも、本ものにはなれない		A? わかって満足く使って満足	
本は頭を肥やすが、足はすこしも肥やしはしない		なぜ響いた？	3「行動しやすいか？」のほうがむしろ大切
足からきた悟りが、本ものである		1読書＝頭の活動という先入観	2「分かりやすいか？」という評価軸ばかり
000	000	この名言の特徴は？	3まん延する消費型読書への警鐘に最適
000	000	1 頭を肥やすという言い回しが独特	2足からきた悟りという表現が秀逸
000	000	どう活かしていく？	3会議後に雑誌『致知』を回覧
000	000	1 来月の月次ミーティングで紹介	2 坂村真民さん以外の名言もピックアップ

赤：――　緑：――　青：――

これが、まとめておきたいと感じた名言です。このくらいの分量であれば、字を小さくすることでまだまだ「A?」の欄に書けるかもしれませんが、「クラシック・クオート」において、左半分は他のフレームワーク以上に「メモ欄」的位置づけが強くなります。

そもそも何も書かない場合や、書いたとしても15個も必要ないケースが大半なので、むしろ左半分に長めの名言を記入するスペースを設けてしまった方が、より現実的・実践的に機能するはずです。こうした判断から、このアレンジを加えました。

記入方法自体は最初の例と基本的に同じなのですが、1点だけ。

従来の「A?」の欄は、このバージョンの「クラシック・クオート」では別に空欄のままでも構いません。ただ、もし余力があれば、「**長めの名言を自分なりの言葉で煎じ詰めるとしたら?**」といった問いを立て、その答えを埋めてみてほしいのです。

今回のケースでは、**「分かって満足より使って満足」**と自分なりに一言集約しました。

このプロセスもまた、「スロー」思考を働かせる良いトレーニングになりますので、エネルギーが十分にある状態の時は、積極的にチャレンジしてみてください。

古典の威力を再確認

最後にもう1冊、愛読書の例を挙げておきます。

『ゲーテとの対話』
岩波書店
エッカーマン・著
山下 肇・訳

この本自体が、エッカーマンによるゲーテの至言・名言・金言の引用集といった位置づけの作品なのですが、およそビジネス書や自己啓発書に書いてあるようなメッセージは大体この本のどこかに書いてあるのではないかというくらい、引き込まれる言葉の宝庫です。

今回の例は個人的に響いた箇所で恐縮ですが、**「百万の読者を期待しないような人間は、一**

図 2-7 『ゲーテとの対話』なら 10 枚以上書ける

11/11 『ゲーテとの対話』	000	Q? ホンモノの作家の在り方とは?	
000	000	A? 百万の読者を期待しないような人間は、一行だって書くべきではないだろうね	
000	000	どういう意味?	3 人のためになるという確信はあるか?
000	000	1 売らんかなではなく気概・心の構えの話	2 自己満足・自己完結に陥っていないか?
000	000	なぜ響いた?	3 初出版の時の気概を取り戻すきっかけに
000	000	1 「知る人ぞ知る」でOKとなっている自分に活!	2 片づけのこんまりさんも当初からミリオンの志
000	000	どう活かしていく?	3 毎日の執筆時にこの部分を音読
000	000	1 「ゲーテとの対話」をどこかで引用	2 「クオート」の事例として採用

赤:―― 緑:―― 青:――

行だって書くべきではないだろうね」を引用しました(図2-7)。

当初は別の文を引こうと考えていたのですが、執筆の合間に再読した際、この部分が目に留まり頭を殴られるような衝撃を受けてしまいました。

本書はたかがビジネス書かもしれませんが、ビジネス書もまた「本」です。「百万の読者に役立ててもらう気概で、この本を、大切な本質を世に問うんだ」といったハングリーさを、この1文から取り戻すことができたと感じています。やはり、古典の読書は格別です。

まとめ続けていると「作者の人となり」を感じられる

『ゲーテとの対話』は上・中・下巻の大ボリュームですが、だからこそ、この本だけで10枚以上の「クラシック・クオート」を作成してみてほしいのです。それだけの時間やエネルギーを注ぐ価値は、十分にあります。

何より、このトレーニングをやると、第2章で紹介した小林秀雄さんの『読書について』の名言を、動作レベルで実践できたことにもなります。再度、引用してみましょう。

〝人間から出て来て文章となったものを、再び元の人間に返す事、読書の技術というものも、其処以外にはない〟

『読書について』（小林秀雄　中央公論新社）

試験で採点可能な「こう書いてあるからこういう意味ですよね」式の読解だけでは、こうした読書体験はそうそうできません。古典の作者についての認識が問われる「作者中心の読解力」が、どうしても必要になってきます。

だからといって、ゲーテの半生について書かれた本を読んでみても、眠くなるだけでしょう。そうした本を演繹的に理詰めで選書しても、残念ながら作者は立ち現れてきません。

一方、「クラシック・クオート」でゲーテの言葉を「紙1枚」に繰り返しまとめていると、帰納的に認識を深めていくことができます。加えて、「深める」思考から「没頭」思考の状態までいければ、次第にゲーテの人となりを感じ取れるようにもなってくるはずです。

すなわち、**同一著者の「クラシック・クオート」をやり込めば、「作者中心の読解」が自分**

なりにできるようにもなってくる。だからこそ、第2部にこの話を収めました。

本章では、他の読書本で陥りがちな「古典を読め↓読んでみた↓訳分からん↓寝た」といったルートとは、全く異なるバイパスを提案させてもらいました。少しでも可能性を感じてもらえたのであれば、早速「クラシック・クオート」を書いてみてください。

古典を、これからもっと身近なものにしていく。あるいは、憧れの「作者中心の深い読み解き」が自分でもできるようになってくる。そんなターニングポイントになれば嬉しいです。

第5章のまとめを兼ねたブック・ガイド

本章では、「古典」との現実的・実践的な付き合い方を提案してみました。

本文の最後にも書きましたが、古典を読み解くには、その作者自身にアクセスすることが不可欠です。ただ、だからといってその作家の伝記的作品を読めるかと問われれば、途中で挫折してしまう読者さんの方が多いと思います。

そこで、そうした本を興味深く読めるようになる下地作りの意図もこめて、今回の「動作」を提案しました。いずれにせよ、「めんどくさい」思考・「深める」思考・「没頭」思考が必要なことは確かなので、長期スパンで少しずつ取り組んでいってください。

ブック・ガイドに移ります。本書には3大ベンチマーク文献があって、1冊目は私の『20字』本。もう1冊は、前章で紹介した『独学大全』。そして、最後の3冊目が次の書籍です。

『読書は1冊のノートにまとめなさい』
ダイヤモンド社
奥野宣之・著

この3冊の既刊を基準書に据え、そこに本書をどう位置付けるか。どのような内容にすれば、3冊のどれもがカバーできていないニーズに応えられるか。思考を深め、執筆していきました。例えば、この本に登場する「ねぎま式ノート」は、本章で学んだ「クラシック・クオート」との親和性が高く、両者を読み比べてもらうことで、より深い認識に至ることができます。自分なりの新たな実践アイデアも、きっとたくさん湧いてくるはずです。ぜひ読んでみてください。

名言、それも日本の偉人についての名言をたくさん引用できるようになりたいのであれば、おススメの本、というより名言の仕入元となるような出版社があります。

致知出版さん。雑誌『致知』という、知る人ぞ知る月刊誌の発行元です。「知る人ぞ知る」などと書いてしまいましたが、2021年に次の書籍がベストセラーになったので、私の年代以下の若年層にも、さらに認知が広まったのではないかと思います。

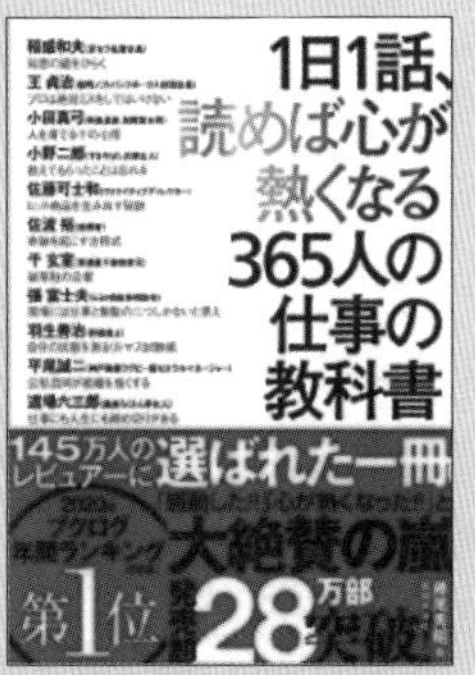

『1日1話、読めば心が熱くなる365人の仕事の教科書』
致知出版社
藤尾秀昭・監修

この本に限らず、致知出版さんの本は、「クラシック・クオート」との相性が抜群です。古典的名著の復刻本、古典的名著からの抜粋本、古典的名著の解説本、等々。引用して「紙1枚」にまとめたくなる書籍の宝庫です。

「でも、日本人ばかりでなんだか人選や選書に偏りがありませんか？」と感じた人もいると思いますが、はじめのうちはむしろ日本人に絞った方が良いと思います。

翻訳系の古典は、さらに読みにくさのハードルが上がってしまうからです。

何より、せっかく日本に生まれ、日本語が読める人生に恵まれたわけですから、まずは日本の先人に学ぶ。素直に、その優先順位をもっと上げてほしいと願っています。

そういう意味では、再び自分の本で恐縮ですが、次の拙著もぜひ読んでみてください。

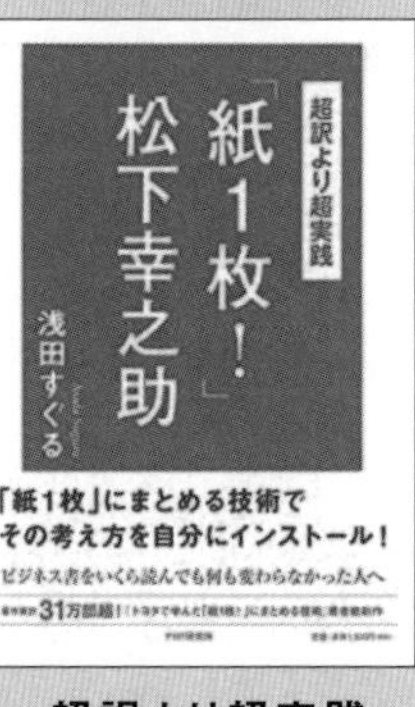

『―超訳より超実践―「紙1枚!」松下幸之助』
PHP研究所
浅田すぐる・著

『―超訳より超実践―「紙1枚!」松下幸之助』。パナソニックの創業者・松下幸之助さんの思想・哲学を、「紙1枚」に書くことで実践できる。「分かって満足ではなく、使って満足する名言集」をコンセプトに上梓した、個人的には渾身の1冊です。

1冊まるごと、「クラシック・クオート」を駆使して書きました。本章の「超実践的ケース・スタディ」集と言える内容になっているので、楽しく読んでもらえると思います。

ちなみに、2017年にこの本を執筆しようと思った動機は、以前とある法人向けセミナーに登壇した際、「松下幸之助って何した人ですか?」と臆面(おくめん)もなく質問されてしまったからです。事態は深刻であり、これは決して社会人教育の現場だけで起きていることではありません。

トヨタにいた頃、年頭挨拶で豊田章男社長が、坂村真民さんの言葉を引用してプレゼンしている場面がありました。それを見た同僚が、「坂村真民って誰? みんな知ってると思って引用してるの？　知らないとマズいような人なの？」と呟いていたのを見て、何とも言えない心境になったことを今でも覚えています。

もちろん、私自身も未知・無知なことだらけです。だからこそ、少しでもマシな状態に近づくべく、今日も本を読んでいます。どうか「クラシック・クオート」をたくさん書いて、日本が誇る古典的名著・人物にこれからたくさん触れていってください。

ダイジェスト
DIGEST

第6章

難解な本も「3つの記号」を駆使するだけで自分のものにできる

「マクロ・ダイジェスト」で本を「紙1枚」に要約・ストックする

世界の諸所与を或る「首尾一貫した変形」に従わせた時、意味が存在することになる。

——モーリス・メルロ＝ポンティ『間接的言語と沈黙の声』

ここまで、「たとえ自分の読み解きにあまり自信がなくても、それでも本を仕事や人生に活かしていける」を合言葉に、新しい読書の考え方・やり方について学んできました。

一方で、「**人の解釈頼みとなってしまう現状を克服し、読解力自体に自信あり！となるためにはどうしたらいいのか**」といった疑問も、依然くすぶり続けていると思います。

特に、前章で学んだ「クラシック・クオート」を繰り返していると、引用文の前後の文章や、本全体の内容についても、やはりちゃんと理解したうえで引用していきたい。そうしたモチベーションが自ずと高まってくるはずです。

そこで、本章でようやく、本当にようやくだなと感じている人もいるかもしれませんが、「**文章を解釈する力としての読解力＆要約力**」の話をしていきます。

そのために、1つだけ復習をさせてください。ここで扱う「読解力」とは、「③読者」でも「②作者」でもなく、「**①作品＝本そのもの＝文章**」の読解を指します。

「作者」に関する背景知識の多寡に左右されない、テストで採点可能な読み解き方です。国語の授業として成立しやすく、「こう書いてあるからこういう意味ですよね」といった説明ができるタイプの読解を指します。

第3章で学んだ通り、読解に絶対の正解はありません。したがって、①の読み方のみに執着する必要はないですし、②や③も組み合わせていかなければ深い読み解きはできません。

一方で、作者が立ち現れてくるようなディープな読書の前提として、著者の意図を全く汲み取れていないような著しい誤読は、やはり避けたいものです。だからこそ、①の読解力も決して軽視せず、磨き続けていく必要があります。

ともかく、これから一貫して内省してほしいことは、以降で解説する学校国語的な読解の本質に関して、「分かっているか」以上に「身についているか」。

どうかこの観点を見失わないように読み進めていってください。

そもそも、「読解」とは何か？

第2章でも一度触れましたが、子育て時のエピソードを再度挙げさせてください。

ある朝、「きかんしゃトーマス」のアニメを見たくなった2歳の息子が、私に「とーます、みたい、です！」と言ってきました。ただ、もう保育園に行かなければならない時間だったため、「また明日にしよう」と言って外に連れ出そうとしました。

彼は泣きながら、「とーますみたい、です！」ともう一度言いました。私が再度断ると、今度は大声&早口で、「とーますみたい！とーますみたい！とーますみたい、です！」と機関銃のように繰り返されてしまいました。結局、根負けして少しだけ映像を見せることになり……登園に混乱と遅れが生じる結果となってしまいました。

さて、この拙(つたな)い体験談を踏まえてもらいつつ、次の問いに答えてみてください。

読解とは、何か？

今回も「システム2」を働かせてみましょう。面倒だとは思いますが、だからこそ自身の思考を深めるチャンスです。次の行を読み始める前に、自分なりの言語化にひとしきりチャレンジしてみてください。

いかがだったでしょうか。

今回も他の章同様、できるだけシンプルに、まずは次のようにまとめてみたいと思います。

読解とは、作者が「言いたいこと」を、「書かれている文章」から読み解く営み。

では、書き手は一体どうやって、「言いたいこと」を伝えるのか。「ロジック」「レトリック」「ミュトス」「トポス」「ロゴス」「パトス」「エトス」、等々。様々な観点があり得るわけですが、敢えて1つだけ、最も重要な本質を挙げてくださいと言われたら、私はこう答えます。

「何度も、繰り返す」。このヒトコトに尽きると思うのです。したがって、

読解とは、文中で「繰り返されている内容」を掴む営み

読書に関して、「何が書いてあるか途中で分からなくなる」といった相談を受けた際、私はその方に「そもそも読解とは何だと思いますか?」と質問することがあります。

ほとんどの場合、返ってくる答えは「主張を掴むこと」。

確かにその通りなのですが、では「主張とは何か?」と再度聞いてみると、「メッセージのことでしょうか」といった答えしか返ってきません。要するに、「主張・メッセージ」かどうかの「判定基準が曖昧」なのです。だからこそ、何が言いたい文章なのかを見失ってしまうのではないでしょうか。

本書では、次のように明確に定義したいと思います。

主張の判定基準＝文中で「カタチを変えて繰り返されている」内容かどうか

この根源的な条件を見失ってしまっているせいで、何が書いてあるのか理解できない事態に陥ってしまうのです。

前にも書きましたが、私はかつて、全く本が読めませんでした。その最大の理由は、このシ

ンプルな判定基準を知らなかったからです。逆に、この本質が腑に落ちてからは、読書に関する全てが一変しました。人生の転機だったと言えるほど重要な1行だと感じています。

私は本を読んでいて良く分からなくなったら、真っ先に「カタチを変えて繰り返されていることは何か？」と自問し、停滞した読書をリカバリーするようにしています。

もし、かつての私と同じように、あなたも「読解とは何か？」の答えが曖昧だったのだとしたら……。この問いを、それこそ「繰り返し」自身に投げかけながら、本を読んでみてほしいのです。そうすれば、あなたの読書力を根本からカイゼンすることができます。何が主張なのかについて、もっと自力で読み取れるようになってくるはずです。

どうか、冒頭のエピソードを思い出してください。2歳児だって実践している本質であり、読解に混乱と遅れを生じさせない最大の本質こそが、「繰り返し」なのです。

「本を書く側」の立場になると何が本質か見えてくる

何事も反対の立場から考えてみるのは、本質を掴むうえで有効な手法です。そこで再び、「読み手」ではなく「書き手」の側に立ってみます。

言いたいことがあれば、書き手はその主張を何度でも繰り返す。ただし、同じメッセージを同じ言い回しでリピートしても、読み手は説得力を感じません。

２歳児なら愛らしくても、大人がこれをやってしまったら最後、文字通り「稚拙だ、チャイルディッシュだ」と軽んじられてしまいます。

真摯に受け取ってもらうためは、子供と同じスタイルで繰り返すわけにはいきません。


大切だから繰り返したい。でも、そのままでは繰り返せない。

では、一体どうすれば、「カタチを変えて」繰り返せるのか？


こうした問題意識に応えようと、先人たる大人達は様々な「繰り返し方」を考案・定着させていきました。例によって、本書では「３つだけ」に絞って紹介します。

- 「＝」：言い換え・具体例
- 「⇔」：対比・逆接
- 「⇒」：根拠・因果関係

例えば、「トーマスが見たいです」と主張するのであれば、次のような繰り返しが可能です。

「先週の続きが見たい」「第35話が見たい」「３日前の日曜夕方に放送されていた回の録画視聴がしたい」等々。

「言い換え」によって、同じメッセージでも様々な表現で繰り返すことが可能です。

あるいは、別の「具体例」を持ってくることもできます。

その際、適当に具体例を挙げるのではなく、できるだけ網羅的かつ意図的に配置することで、更なる稚拙さからの脱却が可能です。

この点について、あなたは普段どの程度意識しているでしょうか。

ここからは、読書をテーマとしたケースに差し替えます。

例えば、「多読してる時間があったら、その分実践だ」と主張したいとしましょう。その具体例として、前章で紹介した坂村真民さんの次の言葉を引用してみます。


〝本を何百巻読んでも、本ものにはなれない。

本は頭を肥やすが、足は少しも肥やしはしない。

足からきた悟りが、本ものである〟


『坂村真民 一日一語』（坂村真民 致知出版社）

言いたいことは、引き続き「多読してる時間があったら、その分実践だ」です。

加えて、次のような文章も挙げたとします。

〝ほとんどまる一日を多読に費やす勤勉な人間は、しだいに自分でものを考える力を失って行く。つねに乗り物を使えば、ついには歩くことを忘れる。しかしこれこそ大多数の学者の実状である。彼らは多読の結果、愚者となった人間である〟

『読書について 他二篇』（ショウペンハウエル　岩波書店）

ショウペンハウエルの名著『読書について』からの引用です。

『読書について 他二篇』
岩波新書
ショウペンハウエル・著
斎藤忍・随訳

このように、「東洋だけではなく、西洋の人物も同じことを言っている」と具体化することで、ただ例示のカタチを変えて繰り返す以上の説得力を、主張に賦与することができます。世界を東西に分け、両サイドから同じことが言われている以上、この主張はユニバーサル、普遍性が高いと示せるわけです。

こうした視点・切り口のバリエーションについては、２軸であれば「東洋・西洋」以外にも、「理論的・実践的」「質的側面・量的側面」「ソフト面・ハード面」などが挙げられます。ただ、第2章の学びを踏まえると、可能であれば「3軸」を目指したいところです。

例えば、「理系・文系」なら2分類ですが、これを「人文科学・社会科学・自然科学」の3分野にし、3つ具体例を挙げられないかと考えてみる。

もっとビジネスライクな例で言えば、「自社視点、競合視点、お客様視点」の「3C」が、おそらく最もポピュラーな3軸になると思います。他にも、「季節的要因（When）、地理的要因（Where）、人的要因（Who）」なら「3W」、「ヒト、モノ、カネ」なら「3M」といった具合に、人が知的かつ網羅的だと感じやすい「3軸」に予め習熟しておくことは、極めて有効です。

引用・具体例に引っ張られてはいけない

本書はライティングの本ではないため、そろそろ視点を「読み手」に戻します。

これまで書いてきた通り、作者は「言い換え」や「具体例」を工夫しながら、カタチを変えて言いたいことを繰り返すわけです。そこで、読者としては、**「主張」と「それ以外の言い換え・具体例部分」の役割を把握しながら読み解いていく**必要があります。

先ほどの例であれば、いくらショウペンハウエルの言葉が強烈に響いたとしても、彼は決して主役ではないのです。主張を補強するために「西洋代表として登場しているだけ」と読み解いていかなければなりません。

加えて、ショウペンハウエルの引用をここに持ってくるのは、実はあまり適切ではありません。あの引用箇所における多読批判は、「実践」よりも「考える力」を奪う点にフォーカスしているからです。

したがって、「多読はけしからん」について、カタチを変えて繰り返す具体例としては適切ですが、「多読してる時間があったら、実践の方を優先しよう」という今回の主張で使うのは、根本的にズレているわけではないのですが、少々強引だったりします。

それでも敢えて引用したのは、「名著からの引用」のような「魅力的な具体例」に引っ張られると、「肝心の主張を見失ってしまうかもしれない」と感じてもらいたかったからです。あるいは、少々強引な具体例を挙げることで、その例示の正当性の部分で引っ掛かってしまう。そんな可能性も示唆したかったのです。

本を読んでいると、主張より具体例の方が印象に残ってしまったり、そもそもツッコミどころがあったりするようなケースも出てきます。ただ、そのたびに「この例示は正しいのか」などとやっていると、いつまで経っても本を読み進めることができません。

「この例はとにもかくにも、カタチを変えて主張を繰り返す目的で採用されているんだな」という「役割の把握」に徹し、まずは読解を続けていく。

具体例が適切かどうかの吟味は、「主張を掴む」目的とは別のトピックです。この辺りがゴチャゴチャになっていることもまた、読書中に論旨を見失う人が陥りがちなポイントの1つなのですが、心当たりはあるでしょうか。

もちろん、引っ掛かるような例示をしている書き手側にも問題はあるのですが、第3章で掴んだ通り、作者も決して全知全能ではありません。お互い様な面も多分にあるわけですから、まずは「言いたいことを掴む」優先で、目的を見失わないようにしていきましょう。

「対比」は比べて説得力を高める

2つ目は、「⇔：対比・逆接」です。カタチを変えて繰り返す際に、「別の対象と比べること」で、自説の説得力を高めることができます。

例えば、「トーマスが見たい」を通すために、「パパもさっき『キングダム』を見ていました。合従軍編のストーリー展開がアツ過ぎて、感動していましたね」などと言ってみる。

続けて、「先週は『ダイの大冒険』も見ていたはずです。20年越しに映像化されたダイとバランの父子喧嘩や共闘を、感慨深く見守っていました」「そういえば昨晩、『シン・エヴァンゲリオン』もアマゾンプライムで視聴していましたね。シンジとゲンドウの親子喧嘩を見ながら、令和の時代に連日何を見せられているんだろうと呟きながら楽しんでいたはずです」などと畳み掛けていく。

「自分」と「パパ」を対比し、パパも好きな作品をこれだけ見ているのだから、僕だって今からトーマスを見ることができて当然だと主張するわけです。

一方、先ほどの「多読」話であれば、例えば「多読」と「熟読」を比べてみる。すると、熟読は「スロー」思考を育めるが、多読ではどうしても「ファスト」思考に陥りやすい。また、多読は自由気ままな消費的な読書につながりやすいが、熟読なら学びを血肉化し、仕事や人生に活かすことができる、等々。

熟読の重要性を主張する際、熟読自体の説明だけでは説得力に限界がある場合、何か逆の事態になってしまうものと比べてみる。そうすることで、「多読にこれだけデメリットがあるのであれば、やはり熟読ですよね」と、分かりやすく伝えられるわけです。

他にも、「かつてはこうだった、だが今は○○」といった「時間軸での対比・逆接」や、「欧米やアジアではこうだった、翻って日本では○○」といった「空間軸」もあり得ます。

具体例の時と根本は同じで、「何を主張したくて対比・逆接を使っているのか」を見失わないことです。書き手は、同じことを何度も同じ言い回しで繰り返したくないからこそ、対比や逆接を繰り出してくる。文章を読んでいて迷ったら、いつもこの根本に立ち返る癖をつけていくことが、読解力向上のセンターピンとなります。

「根拠」ばかりでは読解がややこしくなる

最後は、「⇒・∵根拠・因果関係」です。理由や経緯、メカニズム等の説明になります。

「トーマスが見たいです。**なぜなら**、今回の放送回は、機関車ではなく新幹線型の車両であるケンジが初登場する回だからです。**したがって**、今日だけは見ておかないと、この後の保育園での会話についていけません。**なので**、どうしても今すぐ視聴しておきたいのです」

例文のような接続詞が出てきたら、頭の中の「＝」や「⇔」を、「⇒」にスイッチして読み取っていく必要があります。

その際、1つ予め知っておいてほしいことがあって、「接続表現はできるだけ省略」して文章を書いていく。そんな考えの書き手が、数多くいます。

したがって、読み手側が「能動的」に接続表現を補って読まないと、因果関係を掴めない場合があるのです。「めんどくさい」思考を回避する回路ばかりを強化している読者にとって、これは大変な知的負荷となります。これも、読解が苦手だと感じる大きな原因の1つだと思うのですが、心当たりはあるでしょうか。

加えて、難解な本ほど、「⇒」ばかりで「＝」が少なくなる傾向も知っておいてください。主張を説明するための根拠自体を説明するために、さらに別の因果関係が芋づる式に追加されていくからです。

分かりやすい本ほど「説明が省かれている」といった批判を受けがちですが、だからといって何でもかんでも説明していたら、大半の読み手は知的体力がもちません。本も分厚くなりますし、論理構造の把握に気を取られ主張を見失うリスクも高くなります。

海外ベストセラーの事例は、〝ほどほど〟に読めば良い

一方、言い換えや具体例の多い本は基本的に「＝」の繰り返しになるため、強烈な引用や魅力的なエピソードの引力に引っ張られさえしなければ、主張は比較的掴みやすくなります。

ただし、それは具体例の数が「3つ前後」で構成されている場合です。

そもそも具体化される部分はどうしても記述が長くなるため、あまり大量に事例を挙げ過ぎると、主張が埋もれてしまいます。

この傾向が顕著に出ている例として、欧米のベストセラービジネス書の読書を思い出してみてください。毎年のように何かしら翻訳され、日本でも話題になることが多い一方、分厚くて読み切れない本も多いのではないでしょうか。あれは翻訳だから長くなってしまうこと以上

に、「とにかく事例が多過ぎるから」長大になっている場合も多々あるのです。

したがって、海外ベストセラーにアタックする時は、「主張を掴んだら事例はほどほどに」といったスタンスで丁度良いと思ってください。

3つも読めば、もう十分に納得できるはずです。残りは斜め読みで済ませるくらいのスタンスで臨まないと、主張を見失うリスクの方が高くなってしまいます。

以上を踏まえると、「対比・逆接」で書かれた文章が、相対的に文章量も少なく、端的に主張を把握しやすい。つまり、比較的読みやすい本が多いということになります。

この章のテーマは選書ではありませんが、読解に苦手意識のある方は、「対比・逆接」をメインにして書かれた本を優先的に読んでみてください。

実際、ビジネス書の世界では、「○○な人、●●な人」「○○なのは、●●か■■、どっち」「○○vs●●」といったタイトルの本が、非常に多いことに気づくはずです。

例えば、『金持ち父さん 貧乏父さん』辺りが最もポピュラーだと思います。

『金持ち父さん 貧乏父さん：アメリカの金持ちが教えてくれるお金の哲学』
筑摩書房
ロバート・キヨサキ・著
白根美得子・訳

先ほど注意喚起した洋書の翻訳本ですが、この本は272ページとそこまで分厚くはありません。対比・逆接構造で端的に「分かった」感を醸成していくこうしたスタイルの本であれば、比較的短時間で主張を掴めるような読み方ができるはずです。

あるいは、『ビジョナリーカンパニー』シリーズも良いと思います。

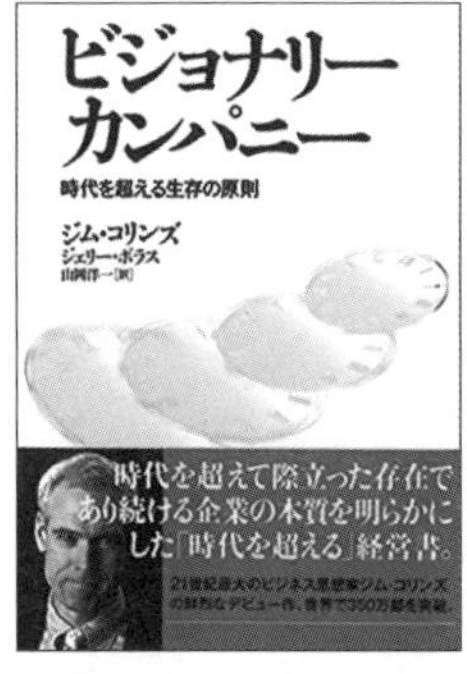

『ビジョナリーカンパニー』
日経 BP
ジム・コリンズ・ジェリー・ポラス著
山岡洋一・訳

『ビジョナリーカンパニーZERO』
日経 BP
ジム・コリンズ　ビル・ラジアー・著
土方奈美・訳

このシリーズの圧倒的な明解さの源泉の1つが、「対比」です。ただ、扱っている事例の数は「3」を遥かに超えているため、読み切れずに挫折した経験を持つ人や、内容を忘れてしまった読者さんは案外多いかもしれません。

もし心当たりがあるのであれば、本章の学びを踏まえ、事例の「数」よりも「対比」構造にフォーカスし、再度トライしてみてください。本書の執筆中、最新刊にして最古参の『ビジョナリーカンパニーZERO』がついに邦訳されましたので、強くおススメしておきます。

迷ったら、「対比」に長けた本をセレクトする。

エクストラの選書術として、ぜひ活用してみてください。

3つの記号でどんな本でも読めるようになる

本章の理解パートはこれで完了なので、いったんまとめます。

読解とは、「カタチを変えた繰り返し」を掴む営みです。したがって、「変形しながら一貫して繰り返されていることは何か?」と自問自答することで、主張を掴めるようになります。

また、「繰り返し」は「＝」、すなわち「言い換え」表現の連続です。

あるいは、モレやダブリのない2軸・3軸からなる「具体例」の提示によっても行われます。それ以上の例はむしろ主張を見えにくくするため、翻弄されないように注意しましょう。

また、「⇔」による「対比・逆接」や、「⇒」による理由説明が挟まれることもあるため、何が繰り返されているかを見失わずに、主張を把握し続ける必要があります。

以上、私が学生時代から20年以上実践し続けている読解の本質を、できるだけシンプルに「3つの記号だけ」で言語化してみました。

数が少ないからこそ、実践の道も拓(ひら)きやすくなります。今後はどんな本を読む際にも、次の「3つの質問」を自問しながら、読解するようにしてみてください。

☑この「言い換え・具体例」は、何を主張するための「＝」か？
☑この「対比・逆接」は、何を主張するための「⇔」か？
☑この「根拠・因果関係」は、何を主張するための「⇒」か？

あとは、本を読みながら実際にこうした自問自答を行う訓練、トレーニングをどれだけ積めるか。すなわち、実践フェーズに移っていきます。

そうです。「めんどくさい」思考・「深める」思考・「没頭」思考の出番です。

この20年間、読解力や読書法をテーマにした本だけでも100冊以上は読んできたと思います。それらを読み、実践しながら見出していったのが、この質問セットです。と同時にもう1つ、「残念な本質」も直視せざるを得ませんでした。

「魔法の読書法」なんてない。

今回紹介した自問自答を無意識レベルで駆使できるようになれば、「何が書かれているか全く分からない」といった悩みからは、卒業できるはずです。

中には既に、他の読書本を多数読んできた人もいると思いますが、それでもなお「読解力に難あり」と感じているのだとしたら……。ここは敢えて厳しく書きますが、本自体に非はありません。「システム2」を回避し、「何か魔法はないかな」と「浅い」思考で次々に飛びついていく。そんなファストなノリで、読書本を読み漁ってきたからなのではないでしょうか。

紙1枚に「難解な本」をまとめて読解力をつける

現状を直視し、これから読解力のアップデートをはかりたいのであれば、例によって「紙1枚」書いてみましょう。次ページ図2-8のような枠組みを作成してみてください。

今回の「紙1枚」に特有のカスタマイズは、右下の「3つの質問」欄です。この章の目的である「たとえ難解な本であっても、主張や構造を掴める」に役立つよう、緑ペンで、

「＝：どんな具体例が登場しているか？」

「⇔：どんな対比が用いられているか？」

「⇒：どんな因果関係が挙げられているか？」

図 2-8 「1枚フレームワーク」で難解な本を読み解く

11/11 『0000』	000	Q？ 000	
000	000	A？ 000	
000	000	「＝」 どんな「具体例」？	3 000
000	000	1 000	2 000
000	000	「⇔」 どんな「対比」？	3 000
000	000	1 000	2 000
000	000	「⇒」 どんな「因果関係」？	3 000
000	000	1 000	2 000

赤：—— 緑：—— 青：——

と書いてしまいましょう。

それでは、これからこの「紙1枚」の使い方を解説していきますが、くれぐれも勘違いしないでほしいポイントがあります。

今回のフレームは、「1冊の本」を「紙1枚」にまとめる「型」ではありません。

あくまでも書籍内の1つ1つの文章を読み解いていく際に、頭の中でやるべきことを「紙1枚」で「見える化」してみたのが、この枠組みの意味合いです。

したがって、「1冊」レベル＝「マクロ単位」に適用するものではなく、せいぜい「1節」、長くても「1章」という「ミクロ単位」で使う枠組みだと理解しておいてください。

この点を見失わないために、今回の「紙1枚」にまとめる読書法については、**「ミクロ・ダイジェスト」**というネーミングをしておきます。

「ダイジェスト」には「消化する」といった意味もあるので、**「ミクロ＝最小単位の文章」**を、**「ダイジェスト＝消化、咀嚼、解釈」**するための「紙1枚」として、記憶に留めておいてください。

以上を踏まえ、今回も実践は3ステップです。

- ・ステップ1：本のどこか「1章」、もしくは「1節」を選ぶ
- ・ステップ2：「＝」「⇔」「⇒」の関係を掴みながら読む
- ・ステップ3：読み終わったら、結果を「紙1枚」にまとめてみる

具体例として、本書の第4章を「紙1枚」にまとめた「ミクロ・ダイジェスト」を紹介します（次ページ図2－9）。

それぞれ、「Q？」にはその章のテーマを**青ペン**で書いてください。「A？」の欄は、その文章における「**主張**」を**赤ペン**で記入します。「＝」「⇔」「⇒」については、主張がどう論証されていたか、そのまとめを**青ペン**で記入していけばOKです。

作成時の注意点としては、まず左半分の「メモ」欄パートに、右半分を埋めるためのキーワ

図 2-9　本書の第４章を１枚にまとめる

11/11 『この本の第4章』	受動的だと マズい選書に	Q？ 選書の本質は？	
インプット→アウトプット →セレクトの時代へ	無知→未知は 問いを増やす選書	A？ 選書が変われば、人生が変わる！	
本質は３つ： 古典、知見、御縁	「何がわかってないか 分かる」は十分前進	「＝」 どんな「具体例」？	3 「御縁」で選ぶ セレンディピティ選書
自身の選書傾向には 人生観も反映	セレンディピティ選書 とは「意図的な偶然」	1 「古典」を優先的に選ぶ	2 「知見＝未・既・無」 の観点で選ぶ
ウサギの新著 カメの古典	ランキング活用、 推しの推しは推し	「⇔」 どんな「対比」？	3 説明可能な選書 説明不能な選書
知見とは未知、既知、無知	図書館の返却コーナー は最強	1 2000年代のビジネス書 ブーム	2 成長vs固定 マインドセット
未知→既知は いたって自然な選書	「パーパス・リクエスト」 を極めたら全てが良書	「⇒」 どんな「因果関係」？	3 「とびつき」思考で なければOK
既知→既知は 分かってく身につける	まずは3つのセレクト術 を優先する	1 既知→既知も 悪いわけではない	2 分岐点は「能動的」 かどうか

赤：――　緑：――　青：――

ードやキーフレーズを、**青ペン**で記入していく。このプロセスからスタートした方が、「ミクロ・ダイジェスト」の場合は作成しやすくなると思います。

また、埋める際は、内容を思い出しながら記入しても、本を再度開いて書いていっても、どちらでも構いません。イメージが湧く方でトライしてみてください。

その後、左半分に埋めたキーワードを使って、右半分を埋められるところから埋めていきましょう。上から順番に記入できる場合もあれば、「対比」が読み取れて先に「⇔」が埋まってしまうケースなども出てくると思います。

最終的に一通り作成できれば、どのような順番を経るかはフレキシブルで大丈夫です。

後はひたすらこの「紙1枚」を繰り返し書いて、「ミクロ・ダイジェスト」に反映された「読解の本質」を、その身に馴染ませていきます。

慣れてくれば、「紙0枚」状態でも同様のことができるようになるはずです。そこまでのレベルに達すれば、①作品中心の読書スタイルを難解な本でも貫いていける基礎が身についたことになります。

以上、「読解力」カイゼンの道のりについて「動作」化させてもらったわけですが……。

実に、「めんどくさい」ですね。

本書の全てのトレーニングの中で、最も「スロー」思考を全開にして行う動作になると思います。当然、物凄く疲れますので、この「紙1枚」に関しては「1週間に1枚でも書けたら十分」といったハードル感で取り組んでください。また、所要時間についても諸説ありますが、「人の集中力は15分から20分前後」というラインを私は採用しています。なので、今回もこの辺りの時間を目安にトレーニングしてみてください。

「ちょっとめんどうだな……」と思った人へ

ここまで読んでみて、「確かに難解な本の読解も、煎じ詰めればこうした基礎の積み重ねであることは分かりますが、さすがにこれは大変だな……」と感じたのであれば……。もう少し現実的な代替案があります。

このトレーニングは「本全体＝マクロ単位」ではなく、「章や節レベル＝ミクロ単位」でやってほしいと前述しました。「そんなこと言われても、そもそもどこを切り取ったらいいかが良く分からない」と感じた人も多いと思います。

だったら、予め「切り取られた文章」を使って、練習してしまいましょう。すなわち、

入試国語の長文読解問題を使ってトレーニングする

これが代替案です。こうした問題の課題文は、長文読解と言いながら1冊の本から一部分を抜粋したものに過ぎません。しかも、最初から「意味内容のあるひとかたまり」が切り取られているため、「ミクロ・ダイジェスト」に相応(ふさわ)しい題材ばかり。時間も、15分前後で読み解けるような分量なので、エネルギーの要る「システム2」を鍛えるには適切なボリューム感です。

加えて、「紙1枚」にまとめた後、そのまとめが妥当なのか、著しい誤読になっていないか確認したいニーズもあると思います。そもそも本章は、3種類の読書のうち「①作品中心の読解＝書かれていること」中心の読解力を高めることが目的です。その最大の特徴は、「こう書いてあるからこういう意味ですよね」といった客観性の高い理解が、比較的可能な点でした。

だからこそ、学校国語の問題を活用する意義が出てきます。

「ミクロ・ダイジェスト」を作成した後、掲載されている設問も実際に解いてみてください。といっても、全てに取り組む必要はありません。語彙や知識を問うタイプの問題は飛ばしてもらって大丈夫です。課題文の「主張」が掴めているかについての設問。それと、「具体例」「対

比」「根拠」の構造が把握できているかどうかを確認する出題だけやれば、それで十分です。「○○とはどういうことか？」なら「＝」設問であり、「●●との違いは何か？」なら「⇔」が該当します。「なぜ、▲▲だと言えるのか？」であれば「⇒」タイプの設問なので、丁度良いチェックになるでしょう。

ただし、こうした設問は全て、作者ではなく「出題者」が設定したものです。したがって、あなたの「ミクロ・ダイジェスト」とは重ならない部分も出てくると思ってください。

出題者もまた、作者やあなたと同様、決して絶対者ではありません。

お互いに同じ読み解きとなった部分については、素直に自信を深める材料にしてもらえばOKです。一方、不正解となってしまった場合も、明確な誤読ではなさそうということなのであれば、「自分の読解は間違いだった」などといって落ち込む必要はありません。

受験のためにやっているわけではないので、解答解説にそこまで一喜一憂はせず、気軽なスタンスで活用するようにしてください。

本1冊を「紙1枚」に要約する方法

本章の最後として、「本1冊の概要をまとめたい、要約したい」ニーズにも応えておきたいと思います。205ページ図2-10を見てください。

この「紙1枚」で、本の概要把握や要約が可能です。その際、本書における「概要・要約」とは、次の要素の集合体だと捉えてください。

- 「Q?」：**主題**＝主にどんな「**問い**」を扱っているのか？
- 「A?」：**主張**＝その問いの「**答え**」は何か？
- 「Why?」：**根拠**＝「**なぜ**」その主張だといえるのか？
- 「What?」：**例示**＝その主張は「**どんなケース**」に当てはまるのか？
- 「How?」：**提案**＝「**これからどうすべき**」と言っているのか？

意味合いこそ変わってきますが、今回も相変わらず同じ要素の組み合わせでOKということになります。この「紙1枚」は、「**本1冊＝マクロ**」単位の「**概要＝要約＝ダイジェスト**」をまとめることが目的なので、以降は分類上、「**マクロ・ダイジェスト**」と呼称させてください。

以下、この「紙1枚」の例を挙げておきます。第1章のブック・ガイドで取り上げた『スマホ脳』です。ベストセラーかつ読みやすい新書なので、本書読了後にすぐ取り組めると思います。

まずは、普段通り本を読んでください。その際、もし分かりにくい部分があったら、「ミクロ・ダイジェスト」を途中で書いてもらっても構いません。

図2-10　紙1枚のフレームワークで本の概要を要約する

11/11 『本のタイトル』	000	Q？ 000	
000	000	A？ 000	
000	000	Why?	3 000
000	000	1 000	2 000
000	000	What?	3 000
000	000	1 000	2 000
000	000	How?	3 000
000	000	1 000	2 000

赤：――　緑：――　青：――

ステップ1：「Q？＝主題は何か？」

一通り読み終わったら、緑ペンで「マクロ・ダイジェスト」の枠組みを書いてください（図2－10）。最初に**青ペン**で、「**Q？＝主題は何か？**」を埋めてみましょう。（次ページ図2－11）

いきなり埋められない場合は、「紙1枚」の左半分に用意してあるメモ欄を活用します。

候補となるキーワードを**青ペン**で書き出し、それを材料に「Q？」に書く言葉を決めてください。この例では、「**スマホは人類に何をもたらしたのか？**」を主題にしておきました。

なお、頭の中だけでのキーワード出しが難しい場合、本を再度手に取り、第3章で学んだ「パーパス・リクエスト」と同じ要領で、パラパラめくりながら拾ってもらっても構いません。

図 2-11 『スマホ脳』を要約する

11/11 『スマホ脳』	ネガへの関心は根源的＝ フェイク拡散の本質	Q？ スマホは人類に何をもたらしたのか？	
脳の報酬系を ハッキングされている	タブレット＜紙の方が よく覚えている	A？ 依存症、集中力の低下、ストレス	
進化生物学の前提： 人間は今も昔も同じ	スマホ依存で眠れない 若者の精神不調↑	Why?	3 扁桃体の過剰興奮で ストレス過多に
扁桃体の過剰興奮 ＝火災報知器状態	運動：集中力、健全な ファイトorフライト	1 「更新されるかも」で 脳がハッキング	2 気が散る自然衝動を スマホが加速化
「更新されてるかも」が ドーパミンを増やす	フリン効果や脳の 可塑性に期待できるか	What?	3 ストレス：ネガ情報の 過剰摂取
長期記憶の鍵＝集中力 vs.マルチタスク幻想	すぐに気が散るのは 自然な衝動	1 スマホ依存＝スロット： 不確かな結果への偏愛	2 集中力の低下：バカに なっていく子供達
Google効果による デジタル健忘症の時代	テクノロジーを 賢く使いたくても、退化	How?	3 睡眠時間を増やす
対人共感、辛い状況の 人への共感能力↓	自然主義的誤謬との バランス	1 スマホの利用を 制限する	2 集中力を取り戻す ために、運動する

赤：—— 緑：—— 青：——

ステップ2：「A？＝主張は何か？」

続いて「A？＝主張は何か？」を、赤ペンで記入します。埋め方の手順は「Q？」欄と全く同じですが、重要な注意点を1つだけ追記させてください。

今回のスタンスは、第3章で学んだ「読みたいように読めばいい」ではありません。「作者の意図を、文章の記述から読み取っていく」トレーニングとして行っています。したがって、できるだけ本の記述を尊重して作成するようにしてください。

ただ、だからといって絶対に本文の記載通りに拾ってくる必要はありません。それだと窮屈過ぎて、うまくまとめられないケースばかりになってしまうでしょう。

そもそも、著者自身があまり端的で分かりやすい表現を使っていなかったり、例や根拠が大量に挙げられていたりするような本も多々あります。

このような場合は、著者の意図を踏まえつつ、自身の判断でよりシンプルな言葉に言い換えたり、ポイント3つに集約・絞り込んだりといったことを、臆せずやってしまいましょう。できるだけ本文に沿いつつも、最後は「マクロ・ダイジェスト」の枠組みの方を優先する。「このフレームにはめる、ごり押しする」つもりで取り組んでみてください。

以上を踏まえ、この例については、スマホは人類に「**依存症、集中力の低下、ストレス**」をもたらしたとまとめました。

ステップ3：「3つのQ」の答えを書く

引き続き、「3つのQ」の答えを、青ペンでそれぞれ記入していきます。行き詰まった際のリカバリー方法は、これまでと全く同じです。

以上、ステップ1から3まで合計で15〜20分程度の時間をかけ、全ての記入が完了したら「マクロ・ダイジェスト」の完成となります。

「正解」にこだわり過ぎず、紙1枚を書いていこう

マクロレベルの要約を作成する際に、予め理解しておいてほしいポイントがあります。

「マクロ・ダイジェスト」は「ミクロ・ダイジェスト」以上に何パターンも成立し得る。この認識を、予めもっておいてください。

1節の文章だけなら、採点可能なレベルの客観性を担保することも可能です。一方、書き手は1冊の本の中で、色々な主張をしています。単一の主張だけを200ページ以上繰り返す。それはそれで確かにやるのですが、たとえどれだけカタチを変えて繰り返したとしても、その主張単独では、さすがに読み手はしんどいと感じてしまいます。

そこで、書き手は読み物として楽しんでもらうべく、あるいは最後まで飽きずに辿り着いてもらうべく、様々な他の主張も盛り込んで書いていきます。主張でピンとこなければ、「様々な他の意図も盛り込んで」と読み替えてもらっても構いません。

・「パーパス・リクエスト」　＝「読み手」中心の「読書」術
・「セレンディピティ・セレクト」　＝「読書以前」の「選書」術
・「クラシック・クオート」　＝「引用」単位の「読書」術
・「ミクロ・ダイジェスト」　＝「1節・1章」単位の「読解・解釈」術
・「マクロ・ダイジェスト」　＝「1冊」単位の「要約」術

等々、本書も読者さんに楽しんでもらえるように、「次は何が出てくるんだろう」といった興味関心を、最後まで持続できるように書いています。

したがって、数ある主張の中からどれをピックアップしてまとめるかは、読者によって変わってしまう。ここで個人差が出てしまうのは、1冊レベルでは致し方ない現象なのです。

もちろん著者側もある程度は、「主張の中でも特に大切な主張」と「主張を補強するためのサブ的な主張」といった構造化をしているはずです。

なので、全員ができるだけ作者の意図を丁寧に汲み取った「マクロ・ダイジェスト」を作成できれば、多くの人が同じような「紙1枚」に至ると思います（なお、ここで書いた「多くの人＝他者の存在」が、第3部からのキーワードです。詳しくは次章で解説します）。

ところが、実際にやってみると、これはかなり大変です。本1冊にわたって「作品＝文章」中心の読解をやり続けることは至難の業（わざ）で、どうしても「読み手」中心の読解が入り込んでしまいます。1冊単位では、1節以上に「読みたいようにしか読めない」。これは避けようのない現実なので、どうか過剰な正解思考には陥らないでください。

まずは、入試問題レベルの分量での読解力向上をはかり、少しずつ、1冊単位の読解力についても、著書の意図をできるだけ汲んだものに近づけていきましょう。

その結果、難解な本であっても「著しい誤読ではない」と確信できるような読書力を、次第に身につけていける。そのために、本章の「紙1枚」もまた、末長く役立てていってください。

第6章のまとめを兼ねたブック・ガイド

本章では、1文1文の「解釈」と1冊全体の「要約」を、「ダイジェスト（解釈・概要）」というキーワードで引き受けながら解説していきました。特にこの章に関して、どれだけ強調しても強調し足りないメッセージは、「地道にコツコツ、トレーニングするしかない」点です。

ミクロレベルの解釈も、マクロレベルの要約も、「質より量」が圧倒的に問われるテーマになります。「どこかの誰かの解釈を見聞きして満足するだけ」の状態から脱却したいのであれば、腹を括（くく）って日々トレーニングしていきましょう。

そのためのブック・ガイド1冊目は、私が大学時代に実際に取り組んでいた本です。

論理トレーニング
101題
野矢茂樹

『論理トレーニング101題』
産業図書
野矢茂樹・著

タイトル通り、「分かって満足」系の本ではありません。この本のトレーニングを一通りやってもらえば、その過程で、本章で示した「3つの質問」レベルの読解は十分できるようになると思います。加えて、今回扱わなかった「逆・裏・対偶」等の他概念についても習熟できますので、「3つの質問」だけでは物足りないと感じた人も満足できるはずです。

ただ、過去に何度か自身のコミュニティでこの本を紹介してきたのですが、実際に取り組んでくれる人は本当に少ない……これが実情です。

第1章のブック・ガイドでも書きましたが、大切なのは「意志よりも環境」。そこで、本章だけはブック・ガイドの枠組みを逸脱して、次のサービスも参考として挙げたいと思います。

「スタディサプリ」

この中の現代文の授業をとってみてほしいのです。最新のカリキュラムは自身で確認してほしいのですが、担当講師の小柴大輔さんの授業では、対比「⇔」を駆使した読解についてトレーニングすることができます。一方、柳生好之さんの授業では、「=」「⇔」「⇒」に加え、他の様々なロジックについても学びながら、読解の修練を積むことが可能です。

「なんでそんなこと知ってるんだ」という感じだと思いますが、親戚に受験生がいて、「スタディサプリで勉強したい」と請われたので契約したことがありました。その際、私もいくつか授業を一緒に体験し、今はどんな問題が出題されていて、どんな読み解き方をしているのか確認してみたのです。

結果、「これは読解力に悩みを抱える社会人こそ見るべきだ」と感激する内容ばかりでした。本当に質の高い授業を、わずかな経済的投資で受けることができます。

本章を実践するためには、他の章以上にブートキャンプ的な強制力ある「環境」が重要です。その点、スタサプは良い選択肢になると思います。こうした「環境の力」も柔軟に活用していってください。

最後にもう1冊、といってもこれは第3章で既に紹介済みですが、『ヘッセの読書術』から次の文を引用させてください。

「生涯のうちにただ一度だけでも、一日、一時間だけでも第三の段階に、もう何も読まないという段階にとどまってみたまえ。そうすれば君はそのあとで(もとに戻るのはとても簡単なことである!)その前よりもずっと良い読者となり、書かれたもの全てをずっと良く読みとれる者になり解釈できる者になるであろう」

『ヘッセの読書術』(ヘルマン・ヘッセ　草思社)

ここで言う「第三の段階」とは、本書の文脈では「パーパス・リクエスト」のような「自己目的を優先した読み方」のことだと思ってください。

要するに、「読者」中心の読解をやっているからこそ、逆接的ですが「作品」中心の読解力も向上するのです。

「書かれたもの全てをずっと良く読みとれる者」とは、まさに「ミクロ・ダイジェスト」や「マクロ・ダイジェスト」を駆使できている状態だと言えるのではないでしょうか。そのために必要な体験が「読み手」中心の読書だからこそ、本書をこのような順番で構成しました。

実践が伴わないことにはピンとこない話だと思いますが、ともかく今後のガイドとして、まずは本書の構成通り「パーパス・リクエスト」や「クラシック・クオート」の実践から始めることをおススメします。その方が、「ミクロ・ダイジェスト」や「マクロ・ダイジェスト」に取り組むハードルを結果的に下げられるでしょう。

第3部

読書で毎日が変わる

コネクト
CONNECT

第7章

他の人の感想や読書会で視野を広げる

1人で終わらない読書法

人間の最大の幸福は、日ごとに徳について語りえることなり。魂なき生活は人間に値する生活にあらず。

——プラトン『ソクラテスの弁明』

いよいよ第3部となりました。第1部は「読み手」に、第2部は「書き手」や「書き物＝作品」にフォーカスし、それぞれ3章ずつ「理解」と「実践」を積上げてきました。

これに対して第3部では、「読み手」とも「書き手」とも異なる新たな視点、「相手」にフォーカスした読書の本質について学んでいきます。

まず簡単に振り返っておくと、そもそも読解には3種類ありました。「①作品＝文章」をメインに読み解いていく方法。あるいは、作者の半生や時代背景、生まれ育った地理的な環境なども踏まえた「②作者」を中心とした読解。加えて、「作品」でも「作者」でもなく「③読者＝読み手」にフォーカスした読書についても、過去の章で学んできました。

本書は専ら3番目の読書観を重視しており、だからこそ、現時点での読解力にあまり自信がなかったとしても、本と有意義に付き合っていける。自己否定に陥ることなく、堂々と読書ライフを楽しんでいける。そんな、暗闇に光を灯すような話をしてきました。

そのうえで、難解な本にもアタックしていけるような読解力を身につけるために、一体どうしたらいいのか。前章では、この疑問にも応えてみました。

1冊のビジネス書でありながら、扱うテーマの広さ、理解の深さ、実践の手厚さ。3つのどの側面についても、類書ではなかなかできない読書体験を提供してきたつもりですが、さらに体験価値を高めるべく、もう1つ別の視点を追加しようと言っているわけです。

「作品」でも「作者」でも、「読者」でもない。

「他者」という新たな登場人物。これは一体何者なのか。

著者の「スタイル」で、読解の妥当性が分かる

前章で、本の概要を「紙1枚」にまとめる「マクロ・ダイジェスト」について学びました。ただ、1冊レベルの分量を「紙1枚」にまとめると、どうしても主観的な解釈、すなわち「読み手」中心の読解が入り込んでしまう。したがって、そのまとめがどの程度著者の意図に沿ったものになっているかどうかは、なかなかなか独力では判断が難しいと書きました。

では、どうするのか。「動作」レベルで実践できる方法が3つほどあって、最初の2つは「著者に直接確認する方法」です。

まずは「著者の他の本を参照」すること。

本が替われば、同じメッセージでも文脈が変わります。異なる流れの中で同じ主張に触れる。そのことによって、著者が何をメインに、どのような意味で主張したかったのかを、より立体的に掴むことが可能となります。第4章で学んだ「既知→既知」の選書スタイルは、「著者の意図をより正確に掴む」目的にも有効なのです。

2つ目は、「著者の他のメディアを参照」すること。

現代の書籍であれば、著者が本と同じテーマで講演していたり、ネット上で動画を公開した

りしている場合が多々あります。そうしたものに触れ、作者が繰り返しているメッセージを掴むことでも、自身の読み解きの妥当性について確信をもって実感することが可能です。

ところで、「クラシック・クオート」の章でも少し触れましたが、こうした実践を続けていると、主張だけでなくその作者の文体や人となりも次第に感じ取れるようになってきます。こうした作家の「スタイル」が掴めると、それを演繹（えんえき）的に適用することで、自身の読み解きの妥当性をさらにビビッドに実感することが可能です。

これは「①作品」中心の読解を乗り越え、「②作者」中心の読み解きが自分でもできるようになったことを意味します。「スタイル」を見出すような深い読みを可能とする観点でも、同一作者の本を繰り返し読み、他メディアでの言動に積極的に触れることは大切な習慣です。

ちなみに、前章で紹介しそびれたのですが、この観点でぜひ読んでほしい本があります。

『生き方のスタイルを磨く　スタイル間コミュニケーション論』
NHK出版
齋藤孝・著

第6章の章扉でメルロ＝ポンティの「首尾一貫した変形」という言葉を引用しました。こうした至言と出会ったルーツが、大学時代に読んだこの本です。

「首尾一貫した変形」すなわち「カタチを変えた繰り返し」は、決して読解だけに限った話ではありません。人物のあらゆるスタイル＝生き方に拡張できるような本質なのです。

「書籍要約サービス」という新たな選択肢

最後の3つ目は、著者に直接確認することはしません。

代わりに、「**他の読み手と確認**」する方法です。

ここでようやく、著者や作者とは異なる新たな「他者」が登場しました。

本章において、この他者はさらに「**無言の他者**」と「**交流する他者**」とにわかれます。

古典的名著やそれなりに売れた本であれば、ネット上に大量の読書まとめが載っています。内容は玉石混淆ですが、1つのフィルターは「レビュー」でも「感想」でもなく、「**要約**」と銘打って公開されているものです。

読解力に自信のない発信者ほど、自身のまとめに「要約」と表記しようとはしません。「レビュー」や「感想」なら、好き勝手に書いても許されるニュアンスがあるからです。

だからこそ、「要約」表記を使っている「無言の他者」は、それなりに責任をもって、著者本人に読まれても恥ずかしくないようなまとめを書いている可能性が高くなります。あくまでも1つの目安に過ぎませんが、リトマス試験紙としてある程度は機能するはずです。

「そんな要約者を探すのは大変だ」と感じる場合、特効薬があります。「書籍要約サービス」という「無言の他者」を活用しましょう。個人的に御縁があるところでピックアップしてしまいますが、「flier（フライヤー）」「SERENDIP（セレンディップ）」「bookvinegar（ブックビネガー）」等には、良質な要約が多数掲載されています。

ここに載っている要約と、自身の「マクロ・ダイジェスト」を対比することで、読解力や要約力を高めたり、本への認識をさらに深めたりすることが可能です。

有料のものが大半ですが、玉石混淆のネット要約の中から「玉」を見つけ出す手間を省けます。「石」を読まされ、時間をムダにするリスクを最小化できるわけですから、積極的に活用してみてください。

読書会で他者との「共通点」を探る

とはいえ、ネット上の「無言の他者」による書評をただ読み比べるだけでは、1つ1つの体験価値・体験記憶がどうしても希薄になってしまいます。より濃く、より印象深く経験値を上げたいなら、「交流する他者」の力を借りましょう。

「動作」レベルでの実践としては、日本中で、あるいはオンライン上で日々活発に行われている「読書会」に参加してみてほしいのです。

私もかつて、毎週のように顔を出していた時期がありました。ただ、今回の目的に沿う会は、「課題図書が決まっているタイプ」のものです。全員が同じ本を事前に読み、その内容について語らう形式であれば、自身の読解を気軽に比較・検討することが可能になります。

ただ、現代の典型的な読書会は、読み手の好き勝手な感想を、好き勝手に披露し、あとは好き勝手に雑談してお終い、といったレベルのものも少なくありません。自分のことしか考えていないような参加者が多い場合、どの読み解きが正しいかでマウント合戦を始めてしまうケースもあるため、そういう会からは早々にフェードアウトすることをおススメします。

他者の解釈と自身のダイジェストを比較する際に気をつけてほしい最大のポイントは、「正解思考」に陥らないことです。「どっちが正しいか」ではなく、「**お互いが読み取っている共通点は何か**」で比べてほしいのです。

前章で学んだ「マクロ・ダイジェスト」の構成要素を、再掲してみます。

- 「Q?」：　主題　＝主にどんな「問い」を扱っているのか？
- 「A?」：　主張　＝その問いの「答え」は何か？
- 「Why?」：根拠　＝「なぜ」その主張だといえるのか？

・「What?」：例示＝その主張は「どんなケース」に当てはまるのか？
・「How?」：提案＝「これからどうすべき」と言っているのか？

この5つの要素のどこについてなら、「お互いに握手できるのか」を確認してほしいのです。例えば、作者が本で追いかけている「メインの問い＝主題」は、お互い同じような言葉でまとめている。だったら、「Q?」については概ねこれで大丈夫なのだろうと判断すればOKです。一方、「主張」の部分は、相手と少し表現が違ったとしましょう。であれば、まずは自身の「A?」の意図を明らかにする。その後、相手にも「どのような経緯でその主張を読み取るに至ったのか」を話してもらう。

こうしたコミュニケーションを繰り返すことで、「この点については、間違いなくこの本で大切にされているよね」といった「共通了解」を見出すことができるわけです。

他者に自分の読み解きを披露する機会は、自身の読解の「正当性」を証明する場ではありません。自身の読解の「妥当性」について、他の参加者の解釈との共通点を見出しながら確認していく。そのために参加してほしいのです。

読書とは「独りでは完結できないもの」である

そろそろ、核心となる本質を明らかにしたいと思います。

なぜ、本章の章扉には「CONNECT（コネクト）＝つながる」と記したのか。

読書は、最終的には「独りでは完結できないもの」だから

「めんどくさい」思考・「深める」思考・「没頭」思考を働かせ、自身の読書力を磨いていく。この営みは、どこまでも「孤独」です。「独学」なる言葉は本当に言い得て妙で、独り静かに集中できるような環境だからこそ、「スロー」思考にエネルギーを注ぐことができます。

ただし、読み取った内容の確からしさを実感するためには、どうしても自分以外の「他者」の存在が不可欠なのです。

したがって、独り静かに考え抜き、本の内容を「紙1枚」にまとめるところまでやったら、その内容を他者に説明する場を求めていく。そして、自分だけでなく相手からの説明を傾聴し、お互いの読み解きを突き合わせてみる。こうした**「共学」的読書**を経る中で、他者とあなたの間に「共通了解」が立ち現れてくるのです。

ただし、「著しい誤読でないこと」は十分に了解できると思いますが、どこまでいっても「絶対に正しいかどうか」は分かりません。第3章で解説した通り、著者ですら、自分の主張や意図への認識は変わり得るのです。

著者も、他の要約者も、あなたも、決して全知全能ではないし、価値観や考えも固定的ではありません。だからこそ、縁あってかかわった者同士で辿り着いた「共通了解」を、そのプロセスで得た体験自体を、もっと大切にしてほしいのです。

思い出してください。前章で学んだ通り、「繰り返されること＝大切なこと」ですから、多くの要約者に共通する解釈は、その本におけるダイジェストである可能性が高いはずです。ということは、他者との共通了解づくりを３人、５人、10人と増やしていけば……。

その本の核心を、あなたは「他者」によって力強く確信することができるのです。

知識は「他者との関係性」の中で創造される

ここで1冊、サラリーマン時代に影響を受けた本を紹介させてください。

『知識創造企業』
東京経済新報社
野中郁次郎　竹内弘高・著
梅本勝博・訳

以前、私は「知識とは何か?」を「Q?」に立て、この本で「パーパス・リクエスト」の「紙1枚」を作成したことがあります。

そこでまとまった「A?」が何だったかというと、

「知識」とは、「他者との関係性」の中で「創造」されるもの

つまり、「知識には、決して独りでは獲得できないものがある」のです。「ミクロ・ダイジェスト」や「マクロ・ダイジェスト」で作成した解釈・要約は、他者の読み解きとの比較を経て、ようやく知識化されます。「妥当な読み」として身につけられるような「知」は、「他者」との交流によって創造され得るものなのです。

「インプットのみ」「読みっぱなし」「自己完結オンリー」で得られる読解力には、実は限界がある。本書を読むまでのあなたに、こうした認識は鮮明にあったでしょうか。

「他者」は、独学レベルの読書を超えていくために、独善レベルの学びでは辿り着けない知性を育むために、不可欠な存在なのです。

だからこそ、大前提として「他者を尊重する心の構え」が不可欠となります。

にもかかわらず、「正しいかどうか」で本を読み、「正しいかどうか」で本をまとめ、「正しいかどうか」で読書会に参加していたら……。

著者も他者も、リスペクトすることなど到底できなくなってしまうのではないでしょうか。結果、相手を論破したり、マウンティング・ゴリラ化して優越感を得ることに終始し、課題図書や著者を叩きのめしてしまう……。

本を持ち寄って集まる場は、正論を振りかざして他者を辱(はずかし)めるロジカル・ハラスメントの場ではありません。他の参加者や作者を尊重し、交流しながら知識を創造する機会なのです。

江戸時代に行われた「会読」とは？

もう1冊、『江戸の読書会』というユニークな本を紹介させてください。

『江戸の読書会』
平凡社
前田勉・著

日本には江戸時代から読書会的な伝統があり、当時は「会読(かいどく)」と呼ばれていました。課題図書を読み、自由闊達に議論する。異見も尊重する。身分制の時代に、身分に関係なく話し合うことが許された場。それが江戸の読書会だったようです。

また、当時の日本には中国における「科挙（かきょ）」のような試験がありませんでした。

つまり、「何が正しい読みなのか」を、テストで確かめることができなかったのです。

その結果、何が起きたのか。なんと、一部の識者の解釈を「正解」としてなぞるだけの状態＝「とびつき」思考が、当時の江戸でも蔓延（まんえん）してしまったようなのです。

この本を読みながら、「一部の識者」を「カリスマYouTuberの書評動画」に置き換えれば、経緯は異なれど、昔も今も同じようなことになってるじゃないかと驚いてしまいました。

そこで当時、考案されたのが「会読」です。識者はファシリテーター役に徹し、参加者が共通了解に至るサポートをする。まさに、知識創造的な読書会と言えるのではないでしょうか。

現代に話を戻すと、この10年ほど、日本中で読書会が多数開催され続けています。

コロナ禍により「オンライン」読書会も拡大し、結果的にはさらに裾野が広がっているようにも見えます。ただ、その内実はどうでしょうか。

参加者は、自己完結な感想を披露し合うだけ。「まあ、そういう読み方をもあるよね」と言って相対主義的に締め括るばかりでは、知識創造の萌芽は見出せません。

時々、活発な議論が始まるような場合もありますが、気づけば「俺の読みが正しい」モードに陥ってしまう。論破やマウントは「共通理解」ではなく「強要理解」を強いるだけです。

「共通了解」志向型の読書会。他者や著者を「リスペクト」し、そのうえで「他者の読み」と

「あなたの読み」とを、「リジェクト」するのではなく「コネクト」しようとする。これこそが、自他共に読書力を高めるために必要な「読書会」の本質なのです。

読書における「他者」の重要性

これで「他者」の重要性に関して、あなたと私の間に共通了解ができたのではないかと思います。そこでようやくなのですが、第3章で残していた宿題を片付けさせてください。

「パーパス・リクエスト」を提示した際、「著者の奴隷になるな、あなたが主役になっていい」と書きました。自身の目的達成を最優先にし、「読みたいように読めばいい」とも記しました。

「俺が正しいというスタンスで読め」とは決して書きませんでしたが、そう受け取られかねないようなニュアンスだったことも確かです。実際、「そんな好き勝手な読み解きを是としたら、何でもありになってしまうじゃないか」と感じた人も、多かったのではないでしょうか。

確かに、その通りだと思います。「自己完結」で読書を捉えている限りは……。

そうではなくて、「読書とはそもそも、他者を必要とするもの」なのです。

この読書観を前提にできれば、「他者に迷惑の掛からない範囲での好き勝手、秩序ある身勝手」に自ずと収束していきます。

加えて、作者もまた他者です。

作者という他者を尊重する気持ちがあるなら、「著者の意図を可能な限り踏まえたうえで、自分なりの読み解きをさせてもらおう」といった抑制が、「自然と」働くのではないでしょうか。

本書をなぜ、「パーパス・リクエスト」から学ぶ構成にしたのか。

前半の内容だけを実践していると、必ずどこかのタイミングで、「もっと著者の意図も掴めるようになりたい」といった想い、すなわち、「他者を理解したい」モチベーションが湧いてくるからです。それが、前章の「ミクロ・ダイジェスト」や「マクロ・ダイジェスト」に取り組む動機になるし、そのモチベーションさえあれば、「パーパス・リクエスト」の極端さは、実践する中で丁度良い間(あわい)へとバランスしていきます。

逆に、「パーパス・リクエスト」的読書観を経由せずに、いきなり「読書に他者は不可欠」などと書いてしまったらどうなっていたでしょうか。

他者の視線を過剰に気にしてしまい、フリーズして何もできなくなってしまう読者さんが、きっと続出したと思います。あるいは、「自分のことで精一杯です」といった拒絶反応に陥ってしまうかもしれません。

だからこそ、まずは「好き勝手に読もう」と訴え、凝り固まった読書観の殻(から)を破ってもらう。こうした既成概念の破壊を優先しました。そのうえで、「実は他者も必要なんです」といって、この第3部でバランスを取る構成にしたわけです。

本質を突いた読書会の「あるべき姿」とは？

ここまで読んでみて、「読書を通じて、著者や他者にもっと関心を寄せたい」。ほんの少しでも、そう感じてもらえたのであれば嬉しいです。同時に、「でも読書会なんて参加したことないしなあ……」となっている人もいると思います。

そんな読者さんのために、私が主宰している「1枚」ワークスの取り組みとして、本書刊行後に新たな読書会をスタートする予定です。

本書執筆時点（2021年10月）では詳細を検討中ですが、基本的には次のような流れになると思います。

- 毎回、「課題図書」を指定し、事前に「紙1枚」にまとめる
- オン／オフラインで集まり、参加者同士で「紙1枚」を発表し合う
- お互いの「共通点」を見出しながら、「知識」を創造的に得ていく

このような「共通了解」「知識創造」志向型の読書会として開催していくつもりです。詳細は本書の「実践サポートコンテンツ」利用者にご案内していきますので、興味のある方は巻末のURLやQRコードからアクセスしてみてください。

あるいは、本章の内容を踏まえ、自分なりに読書会や勉強会を主催してもらっても構いません。具体的な進め方を、3ステップでまとめておきます。

ステップ1：課題図書を設定する

目的は「共通了解を見出していくこと」です。したがって、事前に課題図書を設定し、全員が同じ本について話す機会にしていきましょう。また、読解力が必要な骨太な書籍や分厚い本に関しては、「今日は第1部、次回は第2部をやります」といった具合に、何回かに分けて開催した方がベターです。

『読書する人だけがたどり着ける場所』
SBクリエイティブ
齋藤孝・著

今回の事例では、『読書する人だけがたどり着ける場所』を扱うことにします。参加者は当日までに本を読み、例えば「マクロ・ダイジェスト」で読み解きをまとめます。

ステップ2：グループ・ワークを行う

読書会や勉強会の開始です。３人一組くらいでグループ・ワークを行い、各自がまとめた「紙1枚」を発表していきます。時間は15分前後あれば十分でしょう。

その際、「何が違うか？」ではなく「何が同じか？」を見出すつもりで、お互いのプレゼンを聴くようにしましょうといったガイダンスを、事前にしっかり行ってください。

グループ・ワークを開始すると、「マクロ・ダイジェスト」が途轍（とてつ）もない威力を発揮します。

もし、手元に何も紙がない状態で＝口頭ベースでコミュニケーションをやったらどうなるか考えてみてください。

おそらくワーク自体が成立しません。ダラダラと各自が読書感想を話し、それだけで時間を浪費してしまうでしょう。そんな状態では、共通点探しなどやりようがありません。

一方、手元に「紙1枚」があれば、プレゼンが苦手な人でも格段に話しやすくなります。

加えて、これが最大のポイントなのですが、「参加者全員が同じ枠組みを共有している状態」で話を聴けるため、意識や思考がバラバラと拡散しません。皆が集中して、同じ枠組み＝受け皿を頭に用意して受け取ってくれるため、話者は心理的安全性を感じながら、**安心して相手に伝わる発表ができる**のです。結果的には、**時間も最短で済む**でしょう。

なおかつ、「Q?」「A?」「What?」「Why?」「How?」といった具合に、各要素が明確にフレームで区切られていますので、仮に発表がイマイチ分かりにくかったとしても、「見るだけでも共通点探しができる」ように設計されています。

このガイドだけではピンとこないかもしれませんが、実際に体験してみると「画期的な仕組み」であることがすぐに分かるはずです。

ステップ3：全体シェア＆まとめる

グループ・ワークが終わったら、全体シェアに移ります。各グループでどんな共通点が見つかったか発表してもらい、会全体の「マクロ・ダイジェスト」を作成していきます。

リアル会場であれば、ホワイトボードに「マクロ・ダイジェスト」のフレームワークを作成しましょう。そして、左半分のメモ欄パートに各グループの発表内容を記入し、それをもとに右半分を完成させるイメージです。

一方、ＺＯＯＭ等のオンライン形式の場合は、ブランクのフレームワークをPowerPoint等で事前に作成しておき、それを画面共有しながらやれば、同様の進行が可能となります。

なお、「マクロ・ダイジェスト」に限らず、各フレームワークのデジタル版フォーマットについて、「実践サポートコンテンツ」を通じて入手が可能です。ニーズのある方は、巻末のＱＲコードからアクセスしてみてください。

「共通点探し」の例

紙幅の都合上、参加者全員分の「紙1枚」を何十枚も掲載するわけにはいきませんので、このケースでは私の「マクロ・ダイジェスト」と、本書の担当編集者さんが作成してくれた「マクロ・ダイジェスト」を掲載し、「共通点探し」をやってみます。

実は、本書の担当編集者さんは『読書する人だけがたどり着ける場所』の編集も担当されていた方なので、読書会の参加者でいうと１００人分くらいに相当する存在です。

図 3-1 『読書する人だけがたどり着ける場所』を1枚にまとめる

11/11 『読書する人だけがたどり着ける場所』	想いを感じられる力が想造力の源泉に	Q? どうすれば、深い人生を生きられるか?	
ネット⇔読書 パッパッと⇔じっくり	知識を活かすには 全体像←例:図鑑など	A? 「読書」をすれば、「深み」にたどり着ける	
アテンション・スパン 8秒では消費的読書に	知識を活かすには 「文脈力」も必要	具体的には?	3 深みのある人格・人間的魅力
人生の深みは「体験」 によって形成される	知識とは、細胞分裂 =エクスポネンシャル的	1 深い思考力・想像力	2 深い洞察によるコミュニケーション力
自分の頭をあまり 使わなくてもいい時代	予測読みやツッコミ読み が能動的読書に	なぜそう言える?	3 自分の頭で考え、人生を歩んでいく力がつく
思考力、知識、 人格、人生が深まる	読書後の「対話」は ソクラテスからの営み	1 ネットより「深い読み」⇒集中力を鍛えられる	2 広さと深さを両立した「深い学び」ができる
読書の醍醐味は スッキリ&モヤモヤ	広さなくして深みなし: 両立可能	ではどうする?	3 クライマックスだけでも音読してみる
音読だからこそ味わえる 感動がある	読書によって世界が、 毎日が楽しみで溢れる	1 予測しながら、ツッコミを入れながら読む	2 自分の読みと他者の読みを比べてみる

赤:—— 緑:—— 青:——

図 3-2 編集担当のまとめ

Q? ネットの時代に本って本当に役立つの?	
A? 「深い人」と「浅い人」の差を分けるのが、『読書』	
具体的には?	3 深さと広さを得る読み方と選び方の例
1 逃げ出さずに本を読み通す体験	2 ネット=表層的 本=深さと広さ
なぜ、そう言える?	3 一流の認識、思考、知識、人格を育める
1 読書は「体験」となる	2 ネットは「浅い情報」 本なら「深い教養」
では、どうする?	3 本書で紹介している本を読んでみよう
1 こんな時代だからこそやっぱり本を読もう	2 深さが身につく読み方をしよう

まずは、私が自分なりにまとめた「紙1枚」がこちら(図3－1)。

続いて、担当編集者さんに書いてもらった「紙1枚」が図3－2です。

お互いの「紙1枚」を比べてみると、「深さ」が共通のキーワードとして浮かび上がってきます。この点については、お互い同じような読み取りをしていると確認が取れたわけです。

読書する人だけがたどり着ける「場所」とは、「ネット空間」では行けない「深み」である

無限に「広がる」ネット空間をサーフしていても、それだけでは「深み」にはダイブできない。

「ディープ・ダイブ」は、「読書」によって可能となる。

これが、二人の読書体験を重ねていく中で創造された、「知識」となります。

ぜひ、あなたも同じように「マクロ・ダイジェスト」を作成してみてください。そして、共通了解を見出す体験、知識が創造される体験を味わってほしいと願っています。

以上が、本書の内容をベースにした読書会・勉強会等の大まかな進め方です。

イメージが湧いた方は、できそうなところから早速トライしてみてください。

第7章のまとめを兼ねたブック・ガイド

本章では、読書における「他者」の存在をテーマにしました。掘り下げようと思えばいくらでも深められる題材ではあるのですが、とにかく分かってほしかったことは『知識創造企業』的学習観とのリンクです。

「知識とは、他者との関係性の中で創造されるもの」。もし「他者」だとまだピンとこないのであれば、「他者」の部分を当面は「著者」に置き換えてもらっても構いません。読書を通じた著者との関係性構築の中で、血肉となる知識が生じてくる。

これは、何度か取り上げている小林秀雄さんの読書観ともコネクトできるのではないでしょうか。著者が「立ち現れてくるレベル」で本を読み込むからこそ、その本から心に響き、頭にも残り、腑に落ちて身につくレベルの知識を得ることができる。

なお、「著者が立ち現れてくる」は、本章で解説したメルロ＝ポンティの「著者のスタイルが掴める」と言い換え、重ねていくこともできます。

「読書における他者の重要性」は、「①作品中心の読解」の妥当性を高めるだけでなく、「②作者中心の読解」においても必要な考え方なのです。

『知識創造企業』を、個人レベルの学習観や読書観に引き寄せて読んでいる人は少ないと思いますが、自身で読む際の良い補助線にしてもらえたら嬉しいです。

なお、2020年に続編となる『ワイズカンパニー――知識創造から知識実践への新しいモデル』が出版されていて、組織人ではなく個人レベルで読む場合は、こちらの方が読みやすいかもしれません。併せて紹介しておきます。

『ワイズカンパニー──知識創造から知識実践への新しいモデル』
東洋経済新報社
野中郁次郎　竹内弘高・著
黒輪篤・嗣訳

2冊目です。「複数の他者の読みと比べる」意義が肚落ちしていない方には、『群衆の智慧』という本を紹介しておきます。

『群衆の智慧』
KADOKAWA
ジェームズ・スロウィッキー・著
小高尚子・訳

私は10年以上前に、『「みんなの意見」は案外正しい』のタイトルで、この本を読んだ記憶があります。どうやら改訂版が出た時に書名が変更されてしまったようなのですが、本章のブック・

ガイドとしては旧タイトルの方が響くかもしれません。

「案外正しい」であって、「絶対正しい」わけではない。ただし、そのためには「参加者が画一的ではなく多様であること」といった条件が必要になってきます。

『群衆心理』
講談社
ギュスターヴ・ル・ボン・著
桜井成夫・訳

ダイバーシティが担保されていないと、ギュスターヴ・ル・ボンが『群衆心理』で喝破したような集団のダークサイドが強くなってしまいかねません。2つの書籍を「対比」しながら読み込むことで、より認識を深められると思います。

『知ってるつもり 無知の科学』
早川書房
スティーブン・スローマン、
フィリップ・ファーンバック・著
土方奈美・訳

加えて、『知ってるつもり 無知の科学』の併読もおススメです。本書の執筆中に文庫化されましたが、こちらは単行本時と同じタイトルだったので混乱せずに済みました。

「無知の科学」と書かれている通り、この本は第3章の「無知→未知」のルーツ本の1つでもあります。また、「知識は脳の外＝コミュニティ内にある」といった主張は、「知識は単独では創造し得ない」とする本章の読書観ともつながってくる概念です。

もう1冊、「共通了解」という言葉の認識を深められる書籍を紹介しておきます。

『はじめての哲学的思考』
筑摩書房
苫野一徳著

著者の苫野さんは哲学者・教育学者の方です。この本は、「議論で人を論破できるって凄い、カッコいい」といった感覚が根強い人には、漏れなく全員読んでほしいと願っています。

あるいは、かつて「白熱教室」が流行った時に、次のような「トロッコ」問題で「めんどくさい」思考をフル稼働したような人にも、ぜひおススメしたい1冊です。

『これからの「正義」の話をしよう』
早川書房
マイケル・サンデル・著
鬼澤忍・訳

※「トロッコ」問題とは?
「暴走する電車の前方に5人の作業員がいます。このままいくと電車は5人をひき殺してしまう。一方、電車の進路を変えれば、その先にいる1人の人間をひき殺すだけで済む。さて、あなたならどちらを選びますか?」という問題

本書でもたびたび問題視している「正解思考」や「二項対立」を、どうやって乗り越えていく

のか。その本質を、極めて分かりやすく明らかにしてくれています。

ところで、本書では「本質」をずっと定義しないまま、ここまで書き進めてきてしまいました。今更ではありますが、本質とは、「真理」ではありません。すなわち、「絶対的」なものではない。かといって、何でもありの「相対的」なものでもない。

「絶対」と「相対」の「間」にあるもの、それが「本質」です。

必ず正しいかどうかについては、あなたも私も作者も、全知全能ではないから良く分からない。とはいえ、全く見当違いなのかというとそうでもない。なぜなら、多くの他者も同じように「これが大事だ」と見出し、お互いに「そうだよね」と言って握手することができるからです。

要するに、「本質」とは「共通了解」と同義なのだと思ってください。

私が本書で提示している「本質」は全て、多くの読者さんが「確かに」と共通認識にしてくれる限りにおいての「本質」です。

書かれていることを受け入れて実践するかどうかは、あなたと私の間に、本を読みながらどれだけ「共通了解」が立ち現れてくるか次第ということになります。

ただ、本書がビジネス書である以上、実践してもらわないことには共通了解に至れない部分も数多くあります。だからこそ、どうか一読してお終いにはせず、実践しては再読しといったプロセスを繰り返してほしいのです。

学生時代に読んだ小説『冷静と情熱のあいだ』（江國香織〈ROSSO〉・辻仁成〈Blu〉KADOKAWA）と同じような世界観で表記すれば、本質とは「絶対と相対のあいだ」。特に、「あいだ」がピンとこない状態の人ほど、ぜひ『はじめての哲学的思考』を読んでみてください。

コントリビュート
CONTRIBUTE

第8章

「周囲に選ばれ、キャリアを切り拓く読書」を実現するカギとは?

「パーパス・コントリビュート」で仕事力=他者貢献力を上げる

たくさん持っている人が豊かなのではなく、たくさん与える人が豊かなのだ。
——エーリッヒ・フロム『愛するということ』

前章では、「読書は孤独な営みだが、読書にまつわる悩みの中には、独りでは解決できないものもある」といった話をさせてもらいました。

また、独り善がりを超え、他者と共通了解を見出していくためには、相手を尊重し、つながり、優越思考や正解思考を脱却していく必要がある。「この話は、マウンティング・ゴリラ的人間が蔓延る現代にこそ必要な読書観だ」と、感じた人もいたかもしれません。

「読書とは」の前に「仕事とは」何か

ところで、そもそも本書は読書本であると同時に「ビジネス書」です。「ビジネスの本質は何か」と問われた際、私はいつも「他者貢献」だと答えるようにしています。

読書観だけでなく仕事観においても、「他者」の存在は不可欠である。

これが、揺るぎない実感を伴った私の認識なのですが、社会人教育の現場で「なぜ仕事をするのか？」と投げかけてみると、「他者」が登場しない答えばかりが返ってきます。

「食っていくため」「稼ぐため」「成長のため」「自己実現のため」、等々。

どれもその通りではあるのですが、これらは全て、「他者の役に立つこと」の達成を通じて、付随的に達成されていくものばかりです。したがって、

仕事に活かせる読書とは、「他者貢献」につながる読書である

この1行への認識を深め、腑に落とすことが本章のゴールとなります。

ただ、「仕事とは他者貢献である」については、『20字』本などの他の拙著で丁寧に解説してきました。本書は読書本なので、今回は3冊の本をピックアップしながら、この本質について解説するスタイルを採用したいと思います。

『ドラッカー名著集1 経営者の条件』
ダイヤモンド社
P.F.ドラッカー・著
上田惇生・訳

まずは、ドラッカーの言葉を「クラシック・クオート」してみましょう。

「なされるべきことを考えることが成功の秘訣である。何をしたいかではないことに留意してほしい。これを考えないならば、いかに有能であろうと成果をあげることはできない」

『経営者の条件』（P．F．ドラッカー ダイヤモンド社）

「自分が」何をしたいかではなく、「他者が」何を求めているか。それに応じていくことが、「なされるべきこと」の意味です。

ここではシンプルに、「成果」を「売上」に置き換えてみましょう。「売上」は、決して独りで上げることはできません。必ず、お客様からお金を受け取る必要があります。自分がやりたいことをやっているだけでは、仕事として成立しない。

だからこそ、読書と同じように、仕事もまた「他者」の存在が不可欠なのです。

松下幸之助が説く「仕事が伸びる」条件

次は、松下幸之助さんの言葉を引いてみます。

「仕事が伸びるか伸びないかは、世の中が決めてくれる。世の中の求めのままに、自然に自分の仕事を伸ばしてゆけば良い」

『道をひらく』（松下幸之助 PHP研究所）

ここでも、「自分ドリブン」より「他者ドリブン」「社会ドリブン」が仕事の本質であると強調されています。

『道をひらく』
PHP研究所
松下幸之助・著

ところで、私は松下幸之助さんの著作に良く登場する「自然か、不自然か」の判断基準にかなり影響を受けているため、この言葉についても「世の中の求めのままに、自然に」の部分を、深く味わってほしいと願っています。

読書や仕事や人生で迷った時は、「何がナチュラル＝当たり前か？」からリスタートする。

特に仕事においては、「過剰な自分ドリブンに陥ってしまう」不自然ささえ自覚できれば、大抵のことはリカバリーできるように感じています。

ただ、ここで話を終えてしまうと、次のような感想になってしまう人も少なくありません。

「自己犠牲、滅私奉公で働けということでしょうか……」

そんな人のために、最後にもう1冊挙げておきます。

『GIVE&TAKE「与える人」こそ成功する時代』
三笠書房
アダム・グラント・著
楠木建・監訳

この本には、「ギバー＝人に惜しみなく与える人」「テイカー＝自己利益優先の奪う人」「マッチャー＝損得のバランスを取る人」からなる3分類が登場します。

ギバーの根本動機が「この人に、自分は何をしてあげられるか？」なのに対し、テイカーは、「この人から、自分は何をもらえるか？　かっぱらえるか？」が真っ先に浮かんでしまう。

一方、マッチャーは等価交換なので、「この人からはこの位もらえそうだから、自分はこの程度返すと丁度いいかな？」などと考えます。あなたは、どの傾向が強いでしょうか。

最も失敗しやすいタイプは誰かというと……

この本の白眉（はくび）はここからです。３人のうち、「最も成功しやすいタイプ」はどれかというと「ギバー」になります。一方、「最も失敗しやすいタイプ」はどれかというと……。「テイカー」、ではありません。かといって「マッチャー」でもありません。

この問いの答えもまた、「ギバー」なのです。

要するに、「与える人」には2種類あり、その分岐点は「自己犠牲」かどうか。

グラントは、自己犠牲でないギバーを「他者志向型のギバー」と言っています。

〝「他者志向」になるということは、受け取るより多くを与えても、決して自分の利益を見失わず、それを指針に「いつ、どこで、どのように、誰に与えるか」を決めること〟

『GIVE&TAKE「与える人」こそ成功する時代』（アダム・グラント　三笠書房）

これから紹介していく「他者貢献」型の読書は、決して「自己犠牲」の読書ではありません。あくまでも「他者志向」であり、自己の利益を度外視するような読書ではないのです。

ただ、こう書くと「それってマッチャーのことなのでは」となってしまう人もいると思います。もう一度、「ギバー」と「マッチャー」の根本動機を並べてみるので何が違うのか、「めんどくさい」思考や「深める」思考をフル稼働させて考えてみてください。

「この人に、自分は何をしてあげられるか?」

「この人からこの位もらえるなら、自分はどの程度返すと丁度いいかな?」

ギバーになれる人

「他者志向」的ギバーとマッチャーの違いは、「先払いか後払いか」です。

マッチャー的感覚では、「とりあえずギブ」の精神が希薄になります。常にリターンを勘案してから、テイクと丁度良い塩梅(あんばい)で与える。それも「先んじて」ではなく、他者から受け取った「後」にギブする。これが基本型です。

一方、「他者志向」的ギバーも「自己犠牲」的ギバーも、「とりあえず与える」が「先に」きます。ここが「マッチャー」との分岐点で、当初のギバーは損得勘定の発想が希薄なのです。

ただし、相手がテイカーだと分かったら、「他者志向」的ギバーはその時点で与えるのをストップすることができます。このままだと滅私奉公や自己犠牲モードに陥り、心身を著しく疲弊させかねないからです。

つまり、ちゃんと「自己防衛」ができる人、「自己が確立」している人でないと、成功するギバーにはなれない。このバランス感覚を、この後も決して見失わないでほしいのです。

そうした観点で1つ、読書の際に気をつけてほしいポイントがあります。

昭和の名経営者系の本を読んでいると、「自己犠牲的ギバーこそが本質だ！」と言わんばかりの物言いに出くわすことがあるかもしれません。あるいは、欧米系の名著でも、キリスト教的世界観が強い本だと、同様のメッセージに出会うことがあるはずです。

今、「キリスト教」と書きましたが、まさにそのレベルの話として、こうした言説は捉えた方が良いと思います。仕事や人生を突き詰めた先の世界では、こうした概念も確かに成立し得るでしょう。ただ、本書では、多くの読者さんが受け入れやすいであろう「他者志向」的ギバーの仕事観・読書観を採用していきたいと思います。

他者貢献につながる読書

本章の理解パートは、以上で完了です。くれぐれも「自己利益か他者利益か」といった二項対立ではなく、両者の「間（あわい）」にこそ本質があるんだと捉えてみてください。

「どっちか」という「とびつき」思考ではなく、「どっちも」という「割り切れない」状態を行き来する力もまた、「スロー」思考の領域です。第1章で紹介した「ネガティブ・ケイパビリティ」も思い出しながら、どうかこれまで積み上げてきた全てを踏まえて、

仕事に活かせる読書とは、「他者貢献」につながる読書

まず、今回の読書の「目的」は、第3章でやった「自身の問題解決・願望実現の達成」ではなく、「他者の問題解決・願望実現への貢献＝コントリビューション」です。

を、「紙1枚」で実践していきましょう。

そこで、「パーパス・リクエスト」と対になるように、最後の「紙1枚」の型は「パーパス・コントリビュート」と命名しておきます。

自身の目的達成につながる答えを本に「要求する」ことが、第3章でのスタンスでした。

一方、今回は、「他者の目的達成に貢献したい、役に立ちたい、だから本よ、私に力を貸してください」といったニュアンスになります。

「リクエスト」も「コントリビュート」も型は同じ

「紙1枚」の枠組み自体は、「パーパス・リクエスト」も「パーパス・コントリビュート」も、

図 3-3　自分ではなく相手の「問い」を青ペンで書く

	Q? どうすれば、残業を削減できるか?	
	A?	
		3
	1	2

	Q? 転職実現に向けて、何から始めればいいのか?	
	A?	
		3
	1	2

赤：――　緑：――　青：――

全く同じです。今回の最大の工夫は、「Q？」のところに「自分」ではなく、**自分以外の「他者」の問い**を書くこと。例えば、あなたの部下が「残業が減らなくて困っている」なら、「Q？」の欄に「**どうすれば残業を削減できるか？**」と書いていく（図3－3）。

友人から「転職を実現したい」という相談を受けたのであれば、「**転職実現に向けて、何から始めればいいのか？**」といった質問文を、そのまま「Q？」に記入してしまうのです。

その際、当初は難しい動作であることを承知で書きますが、できるだけ「あなたが発する言葉」では記入しない。すなわち、**自分ではなく「相手」が実際に話している言葉、あるいは心の中でつぶやいていそうな「セリフ」を書いてほしい**のです。

そのためには、日頃から他者に関心をもち、その言動を観察する必要があります。仮に共感できないところがあったとしても、その内心を想像したり、理解しようとしたりする姿勢が必要となります。

この辺りで気づいた人もいるかもしれませんが、私はなぜ、これまで何度か「著者が立ち現れてくるような読書」「著者のスタイルを掴み取るような読書」にも言及してきたのか。

他者の存在を深く感じ取り、他者を理解・共感・信頼していくことができる力。これが、読書・仕事・人生全ての根幹を成す最重要能力だと考えているからです。

そこで、まずは「パーパス・リクエスト」を通じて、空っぽでない自己を確立する。自身が曖昧な状態では、他者との違いも明確になりません。だからこそ、当初は自分を主語とした読書が重要なのです。そこから主観を乗り越えていけるように、「クラシック・クオート」や相対的に客観性が高い「ミクロ・ダイジェスト」「マクロ・ダイジェスト」をステップ・アップで学び、最終的には本章の「パーパス・コントリビュート」へと結実させていく。

そんな読書法を「紙1枚」で体系化し、1冊の本として世に問う挑戦をしています。たかが「セリフ」と軽視しないでください。むしろ、ここが本書のハイライトです。

相手の「セリフ」を考えれば、「相手目線」に立った読書ができる

「紙1枚」に「セリフ」を書く。このシンプルな動作を、もう少し具体化していきます。

例えば、相手が関西弁なら「**仕事に没頭するために、やったらあかんことは？**」と書いてしまう。私のお気に入りのアーティストである藤井風さんのような岡山出身の人が相手なら、そんな彼が内心「**時間管理のコツって何なん？**」とつぶやいていそうなら、それをそのまま記入してほしいのです（図3－4）。

この動作が身につけば、あなたはより「相手目線に立った」読書ができるようになります。本書のプロローグや第1章を思い出してください。なぜ私は、あんなにも大量に「他者のセリ

図 3-4　相手が実際に言ったり、感じていたりしそうな「セリフ」を書く

	Q？ 仕事に没頭するために、やったらあかんことは？	
	A？	
		3
	1	2

	Q？ 時間管理のコツって何なん？	
	A？	
		3
	1	2

赤：——　緑：——　青：——

フ」を掲載したのか。あれは、私自身による本章の実践です。自分以外のセリフを多数掲載することで、「著者目線」ではなく「読者目線」の本にしていきたかったのです。

「お客様目線」「相手の立場に立って考えよう」「部下の本音に耳を傾けてみよう」といったフレーズは、どれもビジネス書に頻出する「動詞」表現です。

確かに大切ではあるのですが、このままでは実践できません。そこで何とかして、読者が行動に移せる表現にして手渡したいと考え、深め、没頭した先に辿り着いた「動作」が、「セリフを書いてみる」でした。辿り着いてみると実に単純ですが、行動に移せる表現の本質は「シンプル」であること。拍子抜けするほどあっけないからこそ、実践的なのです。

「相手に伝わる表現でまとめる」から仕事に活かせる

「Q?」出し以降のプロセスは、「パーパス・リクエスト」の時と全く同じです。本をプレビューしてアタリをつけたら、**青ペン**によるキーワード出しをやっていってください。

ただ、今回の主役が著者でも読者でもなく「他者」である以上、最終的には「相手に伝わる表現」でまとめていかなければなりません。どういうことかというと、

「相手」に伝わる表現 ∨ 「自分」がピンとくる表現 ∨ 「著者」の表現

この優先順位で記入をしていきます。例えば、第2章で『読書について』を紹介しましたが、あの本の中では「乱読」が「濫読」と表記されていました。私自身は「濫読」の方がしっくりくるのですが、現代的にはあまり見かけない表現なので、もし伝える相手が全く本を読まない人なら、予め「乱読」に変換してしまった方がベターと判断します。

あるいは、「乱読」でも通じない場合、さらにニュアンスが変わってしまうのですが、より平易な「多読」に言い換えてしまう。こうしたパラフレーズを積極的にやっていくのが、「パーパス・コントリビュート」ならではのポイントです。

「そんなことしていいのか」といったツッコミが湧いてくる人は、まだ「書かれていることを正確に読み取らなければならない」読書観が、過剰に巣食っているのだと自覚しましょう。

そして、何が「パーパス」だったかを思い出してみてください。

「思い出す」は、今回の「紙1枚」の右上、「Q?」の欄を見返す動作で実践できます。

そこに書かれているセリフを発している人物のために本を読んでいる以上、その人に伝わらなければ、意味がないのです。積極的に「相手に響く言葉」に変換してしまいましょう。

他者貢献を難しく捉える必要はない

「相手に伝わる表現を優先する」は、キーワード出し以降でも全く同じです。赤ペンで「A?」を記入する時も、実際に相手に伝えるようなつもりで書いてください。

加えて、その後の「3つの疑問解消パート」についても、「自分ならどんな3つの質問で組むか」ではなく、「相手がこの答えを聞いたら、どんな疑問を持つだろうか」で、Q出しをやってほしいのです。特に「How?」の部分は、相手が動ける「動作」表現を目指しましょう。

以上を踏まえ、次ページ図3-5の事例を紹介していきます。

あなたは、会社の後輩Aさんから相談を受けました。先日、海外出張に行った際、打ち合わせ後の会食で、これまでの旅行歴の話題で盛り上がったそうです。ただどこに行って何が楽しかったかだけを話しているなら良かったのですが、話の随所に世界史の知識が挟まれてしまい、Aさんは全くついていけませんでした。

すると翌日、会議の際に相手から何となく対等に接してもらえていない感じがして、そんなのはただの被害妄想なのですが、ともかく情けなくて仕方ないと自分では感じてしまっている

図3-5『世界史の教科書』で相手の悩みを解決する

11/11『世界史の教科書』	暗記科目じゃない	Q？ 世界史、どう攻略すっかな？	
教科書はなぜ分かりにくいのか？ 2	器＝フレームワークを頭に入れる	A？ まずは世界史に「串」を刺すこと	
あらすじが見えない	今、主役は誰か？ 脇役は誰か？	そもそもなぜ、従来の世界史は眠い？	3 結局しんどい暗記
あらすじ＝ストーリー	桃太郎に年号はないが 流れは頭に残る	1 主語がコロコロ変わる	2 全体像が見えない
数珠つなぎにすれば 見せられる	年号はその後でOK	「串」って何？	3 年号は無視（シン・ゴジラの例）
1 主語を統一すればOK	中東中心という 地理的な世界史観	1 主役となる国や人物を できるだけ固定	2 一貫した「ストーリー」で学ぶ
3 年号は無視	前半:4つの地域史 後半:一体化する世界	で、どう攻略するの？	3
地域や年代が飛び過ぎる	分岐点は大航海時代	1 この本を読む	2 YouTubeで見てみる

「数珠」は通じなさそう ⇒ 「串」で説明

赤：—— 緑：—— 青：——

ようなのです。この話を聴いたあなたは、Aさんにどんなアドバイスをしますか。

例えば、**「そんなの被害妄想だよ」**を「A？」に記入した「パーパス・コントリビュート」が1つあり得そうです。逆に、**「どうすれば、相手から舐められないか？」**を「Q？」にした「紙1枚」も書けると思います。このように、バリエーション自体はいくらでも想定できるのですが、何パターンも成立するからこそ、大切なのは「目的」です。

主役が「Aさん」である以上、「あなた」がどうしたいかではなく、「Aさん」が切実に何に悩み、何を望んでいるのかを掴まなければなりません。

さあ、「システム2」の出番です。**緑ペンで「パーパス・コントリビュート」**のフレームを書き、「Q？」の空欄を眺めながら、「ここにどんなセリフを入れたら良いのだろう？」と考えてみてください。より正確にいうと、今回は

「**想像したり、感じ取ったりしてみてください**」の方が適切な表現になります。そのきっかけが、「Aさんのセリフ」です。必要に応じて、左半分のメモ欄パートに、セリフの候補を書き出してもらっても構いません。

時間としては長くても3分程度で十分だと思いますが、今回は「あー、マジで世界史やっとけば良かった……」というセリフが、最もAさんの本音にミートしていると感じ取ったとしましょう。この判断は主観的で構いません。慣れてくるとすんなり浮かんでくるように、また自然としっくりくるようにもなってきます。ここは完全に質より量、理屈よりも体感の世界なので、これからたくさん実践していく中で、少しずつ感覚を磨いていってください。

さて、これでようやく、「Q?」が書ける状態になりました。

「あー、マジで世界史やっとけば良かった……」を踏まえて、質問化を試みます。引き続き、できるだけAさん自身が言いそうなセリフで考えていきましょう。今回は「**世界史、どう攻略すっかな?**」と書いておきました。

「自分ではこんな言い回し絶対にしない」のだとしても、それは「パーパス・コントリビュート」においては関係ありません。「自分を超え、他者になりきってみる」トレーニングだと思って、こうした問いの生成にもどんどんチャレンジしていきましょう。

自分を超えた選書の世界

「Q?」の記入が終わったら、次は「選書」のプロセスです。Aさんの悩みに応えるような本が何なのか考えてみます。自身の過去の読書体験から適切な書籍が見つかれば、その書名を、**緑ペン**で左上の第1フレームに記入してください。一方、ピンとくる本がない場合、これが第4章とは別次元の、「**自己を超えた選書目的**」になります。書店を訪問するなり、ネットでリサーチするなりして、適切な1冊を探していきましょう。

「自分のためではなく、人のために選書する」。そんな選書観、見たことも聞いたこともないといった感想の人が大半だと思いますが、実はこのスタイルには、「記憶に残りやすい」「思い出しやすい」「自分にも役立つ知識になる」等々、多大なメリットがあります。

これも実践してもらわないことにはピンとこない話ではあるのですが、この読書法を先行して学んだ多くの受講者さんから、実際にこうしたメッセージをもらっている選書観です。

なぜ、読書にまつわる多くの悩みが「他者貢献」型読書になると解決されるのかについては、前章で学んだ本質を思い出してください。

知識とは、「他者との関係性によって創造されるもの」でした。

「パーパス・コントリビュート」は、まさに「他者との関係性」において行う読書そのもの。だからこそ、ここで書いた「紙1枚」は、「自己完結」的要素の強い「パーパス・リクエスト」よりもさらに記憶に残りやすく、自他共に役立てていけるような知識につながり得るのです。

本を超える、自分を超える、相手に寄り添う

今回のケースでは、『一度読んだら絶対に忘れない世界史の教科書』をセレクトしました。

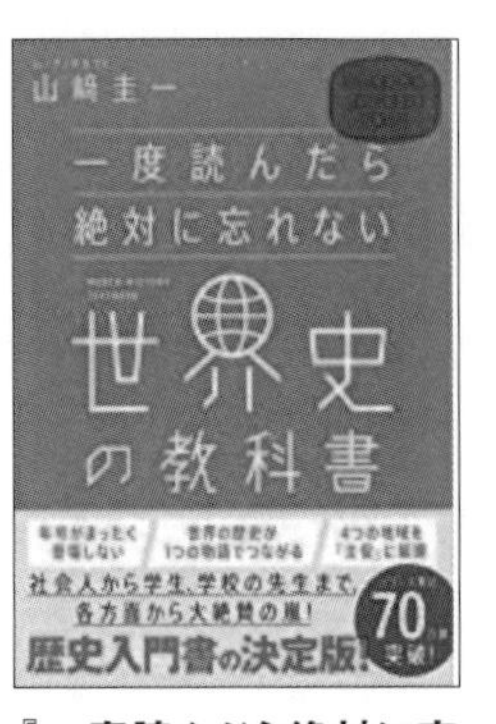

『一度読んだら絶対に忘れない世界史の教科書』
SBクリエイティブ
山﨑圭一著

ここから先の手順は、第3章で学んだ「パーパス・リクエスト」と同じです。

ただし、あなた以上に「Aさんに伝わる言葉」でまとめていきます。

例えば、本の中では「数珠つなぎ」がキーワードになっているのですが、Aさんにはピンとこない表現だと感じたので、「串」に変更しています。だからといって、それが「正しいかどうか」だとか、「著者に申し訳ない」だとかを気にする必要はありません。

徹頭徹尾、「Aさんに伝わるかどうか?」で判断する。

この感覚をどれだけ馴染ませていけるかが、「パーパス・コントリビュート」のカギです。

図 3-6 『世界史の教科書』からAさんに伝わる言葉でまとめる

Q？ 世界史、どう攻略すっかな？	
A？ まずは世界史に「串」を刺すこと	
そもそもなぜ、従来の世界史は眠い？	3 結局しんどい暗記
1 主語がコロコロ変わる	2 全体像が見えない
「串」って何？	3 年号は無視（シン・ゴジラの例）
1 主役となる国や人物をできるだけ固定	2 一貫した「ストーリー」で学ぶ
で、どう攻略するの？	3
1 この本を読む	2 YouTubeで見てみる

赤：━━　緑：━━　青：━━

他にも、「年号は覚えなくていい」と伝える際に、過去に一緒に見に行った映画「シン・ゴジラ」の例を挙げると伝わるなと感じたので、「串って何？」のところに追記がしてあります。

この本の中で「シン・ゴジラ」は一切登場しませんが、それでも「Aさんの役に立つ」目的を達成できるなら、こういうまとめも積極的にやっていって良いのです。

この辺りの「能動的」な姿勢、著者を絶対視しないスタンスは、「パーパス・リクエスト」も「パーパス・コントリビュート」も同じだと捉えてください。

むしろ、「パーパス・リクエスト」の実践を通じて「自主性」や「主体性」を育めているからこそ、その自分軸を「他者貢献」にも役立てていくことができる。なぜ、第3章であんな極端なことをやったのか。その真意も、これでより鮮明に掴めてくると思います。

「紙1枚」にまとめるから、人に伝わるアドバイスができる

さて、実際にまとめた「紙1枚」をベースに、あなたはAさんに次のようなアドバイスをすることにしました。（色が付けてある部分は、「紙1枚」の記載内容に対応しています）

〝こないだの話なんだけどさ、世界史の学び直しに関する面白い本を読んだから、その話をしてみてもいい？

ヒトコトで言うと、「**まずは、世界史に串を刺すこと**」なんだって。その串さえ掴めれば、今からでも十分攻略はできるよ！

そもそも、どうして学校の世界史が眠かったかというと、とにかく**主役がコロコロ変わる**んだよな。しかも、**全体像が見えない**から、迷路に迷い込むしかない。でも、暗記すればテストで点は取れるから、**ひたすら覚える優先**になって、結局しんどくなるわけだ。

そこで登場するのが、さっき話した「串」だよ。

まず、できるだけ**「主役」となる国や人物を固定**して、それで学べる

ところまで学ぶ。そうすれば、**一貫したストーリーになる**から、それを軸にして、映画感覚で世界史を攻略できるようになるわけ。

ただ、その際に**年号の丸暗記はノイズになって邪魔だから、思い切って無視**する。

ほら、むかし一緒に『シン・ゴジラ』観に行ったけど、あそこで出てきた細かい情報なんて追えなくても、映画のストーリーは今でも覚えてるじゃない。それと同じことだよ。

で、結局**どうしたらいいのか**というと、今話したことは全部この『一度読んだら絶対に忘れない世界史の教科書』に書いてあるから、ここまで聞いてやる気になったら**読んでみて**。ちなみにこの人、YouTuber みたいだから、まずは**動画を見てみる**のもありかも。

ともかく応援してるから、これからも頑張って！〟

実際にやっていることは、「紙1枚」に沿って話しているだけです。本1冊を、15分前後で「紙1枚」にまとめ、その内容を相手に伝えることで「他者貢献」につなげていく。

とはいえ、そんなに大上段に構える必要はなくて、このケースくらいライトで、カジュアルで、日常的なものから始めていってください。

このフレームワークと類似のものが、拙著『20字』本でも登場するのですが、当時は随分と高尚な型だと勘違いされてしまったので、今回は敢えて軽めの事例にしておきました。「このくらいのことでもいいんだ」といった具合に、ハードルが下がるのであれば嬉しいです。

全てのフレームワークがギバーの実践になる

以上、「パーパス・コントリビュート」の書き方・使い方を解説してきました。本章を終えるにあたって、最後にやっておきたいことがあります。

それは、他のフレームワークも「他者志向」型ギバーの実践に活用できる点です。

例えば、「人のための選書」については、既に解説した通り第4章と接続できます。

加えて、第5章の「クラシック・クオート」についても、自分のためではなく「人のため」にまとめた方が、活用場面は増やせると思います。

「引用」は自分のためではなく、プレゼン等を通じて「人のため」に行うケースが大半だからです。ぜひ本章の内容を踏まえて、第5章も再読してみてください。

さらに、第6章や第7章で扱った「マクロ・ダイジェスト」についても、本章の認識があれば、「自分の読みの妥当性を確認するため」である以上に、「他者の読みの妥当性確認に貢献するため」に「紙1枚」を作成しよう、読書会のような場にも参加してみようといったモチベーションが生まれてくるはずです。

最後まで読み終わったら、記憶が鮮明なうちに、ぜひ再読にもチャレンジしてみてください。一読目とは異なる学び・気づきが得られる読書体験を楽しんでもらえたら嬉しいです。

第8章のまとめを兼ねたブック・ガイド

この章では、本書のハイライトとなる「人のための読書」を扱いました。ただ、この話自体は拙著『20字』本で詳しく扱っているテーマだったため、今回は読書本ならではの解説を再構築し、既知・未知双方の読者さんをカバーする内容にしました。

また、当時の出版を通じて、「他者貢献＝綺麗ごと＝偽善っぽい」といった固定観念を持つ読者さんが相当数いると分かったので、今回はとにかくライトに、雑談の延長のような使用例を示すことで、気軽に取り組んでもらえることを目指しました。

実際、「世界史を何とかしたい」なんて悩みは、本業にダイレクトにかかわってくるようなものではありません。それでも、実際に悩んでいる人は多数いるはずですし、読書の観点でも、海外古典の読解には世界史の知識が不可欠です。

様々な意図を込めてこのケース・スタディをチョイスしました。どうか前向きに捉え、活用してもらえると嬉しいです。

ブック・ガイドに進みます。まず、「他者貢献」系の本は、本文で紹介したものをぜひ読んでみてください。むしろカバーすべきは、「パーパス・コントリビュート」作成時に問われる、「言い換え能力」の方だと思います。

本に書いてある言葉を、自分が理解できて、なおかつ相手にも伝わる表現に変換していく能力。これを高めるためには、「豊かな語彙力」が不可欠です。過去に取り組んで大変効果的だったのは、次の本です。

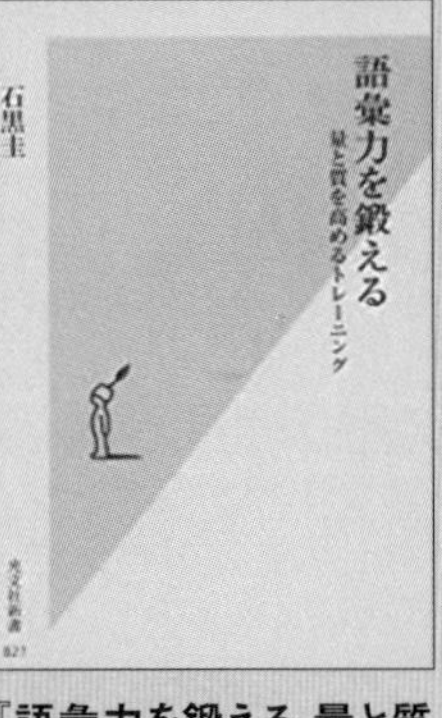

『語彙力を鍛える 量と質を高めるトレーニング』
光文社
石黒圭・著

第6章の『論理トレーニング』同様、今回もめんどくさい感じのするタイトルですが、間違いなく「没頭」する価値のある本です。

1つだけ紹介すると、同じ言葉を「和・漢・洋」で変換するトレーニングがあります。例えば「トレーニング」という言葉は、「和・漢・洋」でいうと「洋」の表現です。これを「和」や「漢」

に変えるとどうなるでしょうか。

「スロー」思考を働かせて考えてみると、例えば「訓練」「修練」「鍛錬」等であれば「漢」となります。一方、語彙力を「みがく」「はぐくむ」等に言い換えれば「和」的な表現です。

こうした取り組みを日常的にやっていくことで、言い換え能力を高めることが可能になってきます。ぜひトライしてみてください。

『オトナ語の謎。』
新潮社
ほぼ日刊イトイ新聞・編
糸井重里・監修

もう1冊、息抜きレベルの気軽な本も紹介しておきます。トヨタにいた頃、厄介な仕事を頼まれる場面で、上司は良く、浅田「先生」と言いながら私に近づいてきました。

さらにややこしい仕事の場合、それは、浅田「大先生」へと変化しました。

加えて、休日出勤もやむなしレベルの業務になると、浅田「大明神」に折り入って頼みがある、などと言われたことすらあります。

「先生」「大先生」そして「大明神」。このように、日本のビジネスコミュニケーションの世界にはユニーク極まりない「謎の言い換え」表現が多数存在していて、それらを面白おかしくまとめたのが『オトナ語の謎。』です。

楽しみながらサラリーマン特有の言い換え表現を増やせますし、ストックとして仕入れておくと、もう令和ではありますが、意外に役立つ場面もあると思います。とりわけ、おっさん世代に伝わる「パーパス・コントリビュート」を書く際の変化球本として、トレーニングの合間に読んでみてください。

最後に、かなりユニークなジャンルの本を3冊紹介しておきます。

相手に伝わる言葉に変換するためには、他者を理解・共感する力が不可欠となります。そのカギとなる動作として「セリフ」を紹介しましたが、そのルーツの1つは「エンプティ・チェア」と呼ばれるカウンセリングの技法です。

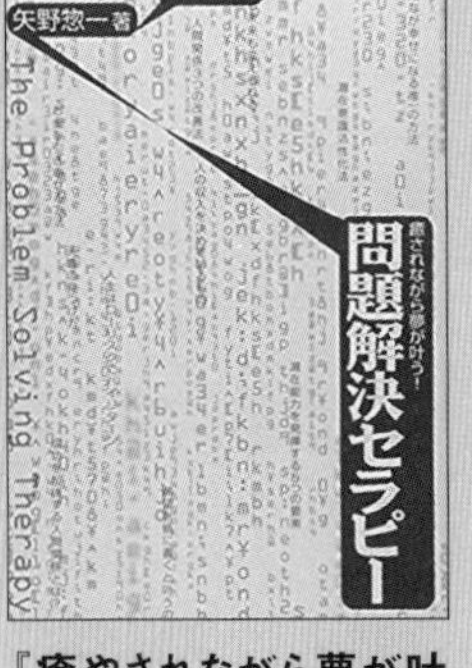

『**癒やされながら夢が叶う！問題解決セラピー**』
総合法令出版
矢野惣一・著

私はサラリーマン時代に休職していた過去があり、そのきっかけで心理療法について深く学んでいた時期があります。実際に右記書籍の著者・矢野惣一さんのカウンセリングを何度か受けたりもしたのですが、その際に体験したのが「エンプティ・チェア」です。

相手が目の前の空椅子に座っていると想像し、それができたら、今度は実際にその椅子に自分が座ってみる。すると、相手が感じていることや考えていることが、なぜだか湧き上がってくるのです。

これを繰り返していると、次第に椅子の有無は関係なく、相手の立場に立つことができるようになってきます。ただし、この感覚がピンとくるようになるためにはいくつか条件があって、1つは本書で繰り返し言及してきた「著者が立ち現れてくる、あるいは著者のスタイルを感じ取れるレベルの読解力」。

もう1つが、「ゆるんだカラダ」です。これも休職したことがきっかけなのですが、私はもう10年以上、「ゆる体操」と呼ばれるメソッドを愛好しています。

文字通り、心身をゆるめることができる体操であり、これまで多種多様な身体的知見に触れてきましたが、このメソッドの奥深さは圧倒的です。にもかかわらず、ラジオ体操より簡単に継続できるため、「動作」レベルとしても驚異の再現性があります。

「心身の健康に不安」を感じている、あるいは「言語レベルを超えた読書の世界にアクセスしたい」と考えている読者さんは、ぜひ試してみてください。本書はビジネス書なので、数ある関連書籍のうち最もビジネスライクな次の本を選書しておきます。

『「身体経営術」入門 仕事力が倍増する〈ゆる体操〉超基本9メソッド』
現代書林
高岡英夫・著

あるいは、次の本も効果抜群です。

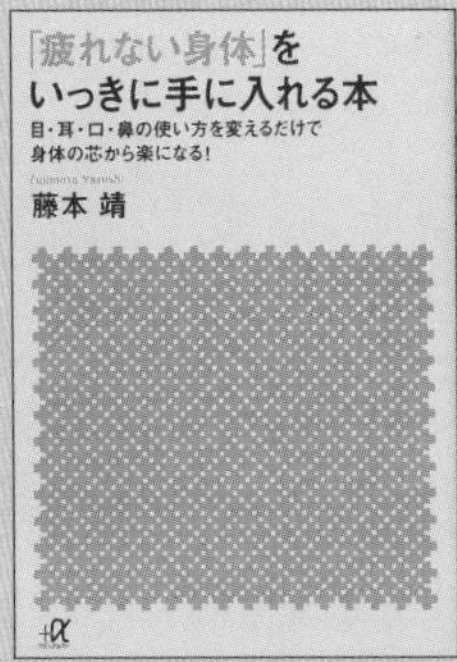

『「疲れない身体」をいっきに手に入れる本 目・耳・口・鼻の使い方を変えるだけで身体の芯から楽になる!』
講談社
藤本靖・著

著者の藤本さんが提唱されている方法も、「本質」と「動作」の「間（あわい）」が惚れ惚れするくらい絶妙に統合されていて、例えば「耳を引っ張るだけ」で心身を根本から整えることができます。

ちなみに、本書では「間（あいだ）」のことを敢えて「間（あわい）」と表記していますが、この言葉は藤本さんのワークショップに参加することで体感させてもらった概念です。

以上、特に後半は、心身に不調をきたすことがないとまず御縁のないような本ばかりだったかもしれませんが、ピンとくるところがあった人は、「セレンディピティ・セレクト」だと思ってぜひ選書してみてください。

コンフィデント
CONFIDENT

第9章

読書で自信をつける

紙1枚読書を続けて自信のある自分になる

人生を見るように本を見る。そうすると、精神に正しい形を与えることができる。

——ルドルフ・シュタイナー『あたまを育てる からだを育てる』

ついに最終章です。章扉は「**CONFIDENT（コンフィデント）＝自信**」。

・第1部：「ディボート」「1シート」「リクエスト」
・第2部：「セレクト」「クオート」「ダイジェスト」
・第3部：「コネクト」「コントリビュート」「コンフィデント」

これまでも各章の扉ページには、以上のようなキーワードが添えられていたと思います。品詞がバラバラで強引なところも多分にありますが、それでも韻を揃えたことには様々な意図があって、本章との関連で1つだけ理由を挙げると、「**リズム**」を大切にしたかったから。

なぜ、「リズム」を重視しているのかと言えば、「リズム＝繰り返し」であり、第6章で解説した通り「繰り返されること＝大切なこと」だからです。読書という行為について大切な本質を、何らかのリズムを底流に流しながら、手を替え品を替え表現していく。

本書全体を通じて、そのことを実践・体現してみたかったのです。

実際、真摯に読み込んでくれた読者さんであれば、先ほどのキーワード一覧を見ただけでも、各章の内容をある程度想起できると思います。感覚が鋭い人や二読目・三読目であれば、全体を貫くメッセージについて、たとえうまく言語化できなかったとしても何かしら感じ取ることができるのではないでしょうか。

また、「リズム」は繰り返し続けると、次第に無意識レベルに浸透して「習慣」になっていきます。そういう意味では、本章のタイトルは「ＨＡＢＩＴ＝ハビット」でも良かったのですが、最終的には「ＣＯＮＦＩＤＥＮＴ＝コンフィデント」の方を選択しました。

というのも、読書に関する質問や相談を日々受けていると、

「自信がないから、もっと本を読めるようになりたいです……」

といった話が頻繁に登場します。

「読書」と「自信」の関係性。その本質を掴むことが、最終章のテーマです。

「自信」とは何か？

「自信とは何か？」と問われたら、あなたはどう応えるでしょうか。

もうこれで最後なので、次の行を読む前に「スロー」思考を働かせ、考えを深めてみてください。

さて、いかがだったでしょうか。私なりに辿り着いている本質は、次の通りです。

「自信」は、「3つ」でできている：
・その1：「時間」的自信
・その2：「空間」的自信
・その3：「人間」的自信

これまで「What?」「Why?」「How?」を推してきましたが、これは決して「When?」「Where?」「Who?」は要らないと言っていたわけではありません。

第4章の「セレクト」や第6章の「ダイジェスト」で解説した通り、「いつ、どこで、誰が」の切り口も同様に極めて重要です。「5W1Hを6個とも使いこなしたい」からこそ、「いったん2つのカタマリに分けて」頭の中に収納しておく。

面倒でもひと手間かけて習慣化するからこそ、最終的にどちらもフル活用できる。こうした「スローのちファスト」を志向する思考回路自体を、見落とさないでほしいと願っています。

積み上がっている手応えは、どこで生まれるか

さて、「自信」を構成する3要素その1は、**「時間」的自信**です。これは、本章の冒頭で話した「**習慣**」に該当します。

「自信」とは、「これまでに積み上げてきた習慣の結果として生じてくるもの」です。したがって、仕事や人生にとって善なる動作を繰り返していけば、自ずと自信は醸成されていくことになります。だからこそ、「本を読んで自信をつける」といったセリフにもつながるわけですが、一方で、第1章で触れた次の言葉は覚えているでしょうか。

「こんなにも色々学んできている」のに、なんで「こんなにも積み上がってる感がない」のだろう……

大切なのは、「積み上がっている手応え」が得られるような読書です。たとえ本をたくさん読んだとしても、「とびつき」思考・「浅い」思考・「茫然」思考によるファスト読書ばかりでは、残念ながら消費で終わってしまいます。そんな現状を打破するために、本書では、

・「紙1枚」に書いてみるという具体的な「動作」
・自身の目的を達成する「自己確立」的な「読書観」
・「問い」や「体験」を重視した「能動的」な「選書観」、等々

第1章から第8章まで、一貫して実践的に、少々面倒ではあるけれど「能動的」に積み上げていくことができる。そんな手応えを感じられるような動作を、提示し続けてきました。

「ほんの数枚書いてまとめてみただけ」なのに、なんで「こんなにも積み上がってる感がある」のだろう！

本書の冒頭で紹介した悩みが一変するような体感が得られれば、あなたの中に間違いなく自信が醸成されたことになります。ただし、「時間」的な自信である以上、当然ながら一定期間の実践が必要不可欠です。特に当初は、面倒だと感じてしまうことも多いでしょう。

それでもコツコツ続け、この読書スタイルを「深めて」いく。「没頭」体験を続け、「習慣化」することさえできれば、当初は「システム2」をフル稼働しなければできなかったような知的活動を、大した負荷も感じずにこなせるようになってきます。そうなれば、現時点では全く歯が立たないような本も、次第に読みこなせるようになってくるはずです。

こうした基準値を上げるような読書体験が積み上がることで、ようやく「本を読むことで自信をつけたい」という願望が、現実化していくのです。

「自信をつける」を「動作」レベルで実践する

今「積み上がる」と書きましたが、この観点でもう1つ、「自信を育む」を実践するパワフルな動作を紹介しておきます。今後、本書を実践していくと大量の「紙1枚」が、文字通り目に見えるカタチで「積み上がってくる」はずです。

それを時折、「時系列」で見直す・見返す、振り返る

たったこれだけの「動作」で、本来なら目視できない抽象概念である「時間」的自信を、「手を動かし、目で見ながら」育むことができます。

そのためにも、第2章の時点ではコピー用紙で構わないと書きましたが、今後の実践はぜひ「ノート」でやってください。各章で紹介した「紙1枚」には日付を書くようにガイドしていましたが、これは「時間軸での振り返り」を動作レベルで効果的にやるためです。

「1枚」フレームワークの実践に最適化されたノート

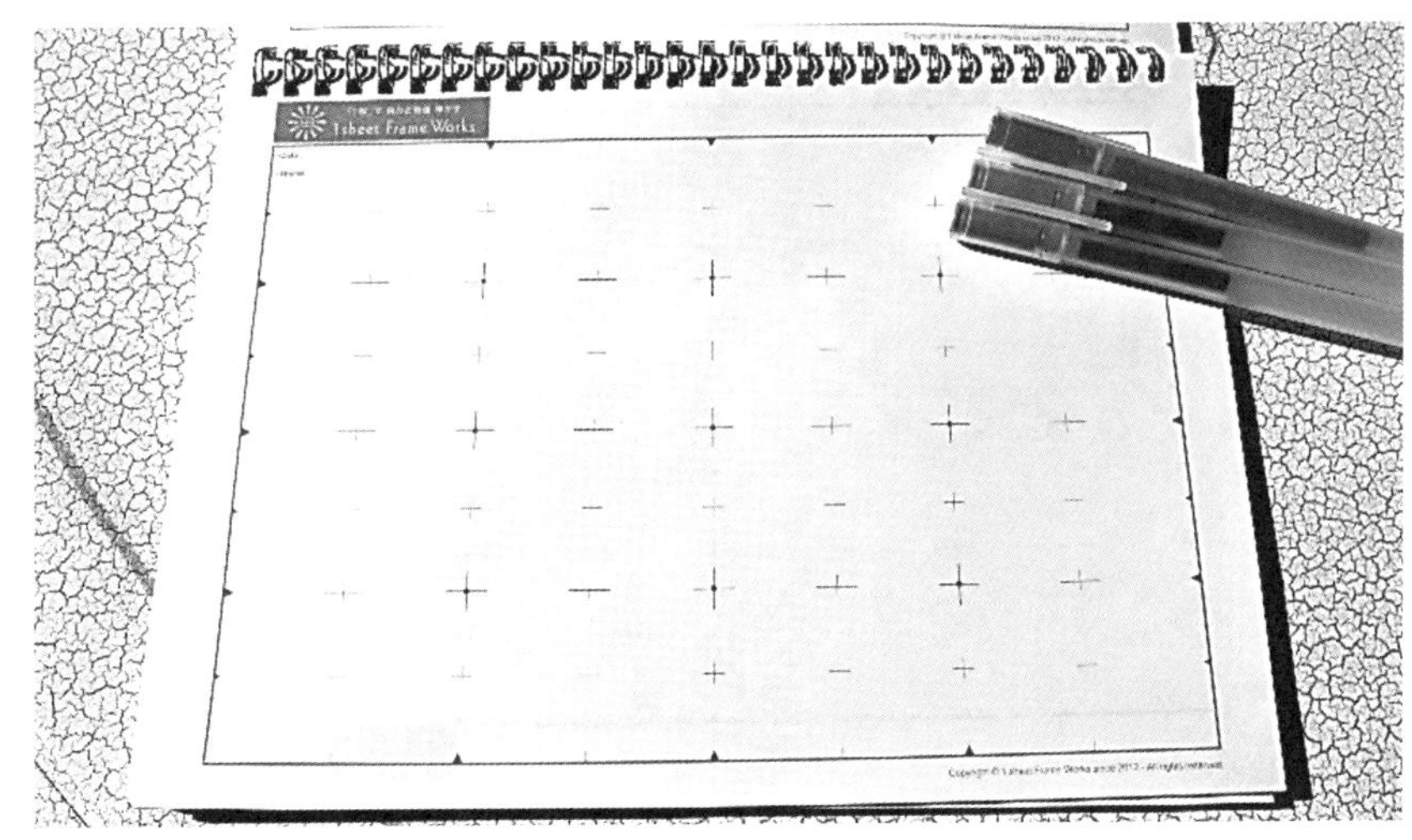

「1枚」ワークス公式ノート（B5サイズ・ヨコ長仕様）：
公式ノートには予め「緑色で枠＝フレームがデザイン」されており、「1枚」フレームワークを実践するために最適化されています。なお、筆者は写真の緑・青・赤3色のカラーペンを愛用していて、これはオリジナルではなく「無印良品」で買える0.38 mmのペンです。

実際にやることは各ページを遡ってパラパラと眺めていくだけなのですが、1つだけ条件があって、作業的な受動モードではなく、「能動的」にめくっていってください。

そうやって見返していると、内省的な学びや気づきに加え、言語化は難しいのですが何かエネルギーのようなものを受け取ることができるはずです。それが自信の源、ソースになっていきますので、「紙1枚」がたくさん溜まってきたらぜひ体感してほしいと願っています。

ちなみに、5年程前に「1枚」フレームワークを活用するために最適化されたオリジナルノートを開発し、多くの読者さんが愛用してくれています。巻末の「実践サポートコンテンツ」の中でも紹介していますので、もしニーズがあれば一度チェックしてみてください。

「どこに所属しているか」という自信のよりどころ

自信の3要素その2は、**「空間」的自信**です。

これは、「**どこに所属しているか**」といった「居場所」を拠り所にした自信、「所属」と紐づいた「環境」的自信とでも言い換えれば、分かりやすいでしょうか。

いったん読書から離れますが、例えばサラリーマン時代の私にとって、何だかんだで「トヨタに所属していること」は、間違いなく自信の拠り所の1つでした。

独立したことで、この「居場所」の自信は消滅しました。それでも、1つ目の「時間」的自信と、この後解説する3つ目の「人間」的自信のおかげで、何とか今日まで、極度の自己不信には陥らずに働くことができています。

サラッと書いていますが、この話はサラリーマン読者の方には重要なトピックです。

時折、誰もが知っているような有名企業に勤務する方から、「独立したい」といった相談を受けることがあります。その際、この「3つの自信」の話を努めてするようにしています。

なぜなら、もし「空間」的自信、すなわち所属企業にいることから生まれてくる自信が、その人の最大の拠り所となっている場合、独立しても失敗する可能性が高いからです。

敢えてぶっきらぼうな書き方をしますが、根拠なんて何でもいいので、とにかく確固たる自信を持続できること。そうでなければ、独立起業などやってられません。

にもかかわらず、自信のソースが所属企業に紐づいている「だけ」なのだとしたら……。

少しでも厳しい状況がやってきたら、あっという間に自己不信に陥りかねないのです。

自信喪失を防ぐ3つの方法

そんな自信喪失を防いだり、対処したりする手立てが3つほどあります。

1つは、「時間」的自信の方を培うために、本書を実践するといった善なる「習慣」を増やしていくこと。もう1点は、この後に控える「人間」的自信からアプローチすることです。

3つ目は、「空間」的自信の再創造。すなわち、自信のベースキャンプとなるような「新たな環境」を見出していくことです。以下、まずはこの点を詳しく解説していきます。

私自身の例でいうと、現在は主宰する「1枚」ワークスで構築したコミュニティが、新しい居場所となっています。ただ、スクールとして開講している「1枚」アカデミアも、動画学習コミュニティである「イチラボ」も、コロナ禍で「オンライン完結」に変わりました。

いずれも「場」が、「サイバー空間」に移行してしまったわけです。

こうした「デジタル空間」にどれだけ「自身の拠り所としての自信」を見出せるかは、人によって相当な個人差が出てしまうと思います。第1章のキーワードと接続すれば、ここで問われるのはリアル空間とデジタル空間の「バイリテラシー」です。

その本質は、「リアルでの豊富な体験」をベースにした「デジタルの活用」でした。

この後すぐ読書の話に戻るので少しだけビジネスの話を書いておくと、本書執筆時点の現在、「コロナ対応」「テレワーク推進」「DX」等を合言葉に、安易な「オンライン完結」への移行がそこかしこで行われています。

ですが、リアル空間での交流が希薄な状態で、デジタル完結の業務推進をやっても、組織としてはまず機能しないだろうというのが、私の意見です。

「空間的な拠り所」が職場不在によって希薄になると、「所属欲求」が満たされずに不安や不信感を抱く人達が増えるからです。特に会社への帰属意識が強い場合、本章のテーマである自信喪失状態にすら陥りかねません。

デジタル・ネイティブばかりの組織でない限りは、オンラインとオフラインを組み合わせた「ハイブリッド型」「バイリテラシー型」が、アフターコロナ時代のワークスタイルとしては最適解となるはずです。とりわけ日本においては、「空間」的自信、すなわち「居場所」からくる自信を決して軽視すべきではないと思うのですが、いかがでしょうか。

本棚は「自信」の拠り所になる

話を読書に戻すと、「空間」的自信につながる本とのかかわり方は、次の1文に集約することができます。

「本棚」と共に過ごす日々が、「自信」の拠り所になる

あなたの部屋に、本棚はあるでしょうか。そこには、どんな書籍が収められているでしょうか。もし実際にあるのであれば、一度じっくりと眺めてみてください。棚を眺め、本棚全体と自身の体とが一体になっているようなつもりで、しばらく感覚を味わってみましょう。

言語化は難しいと思いますが、何か感じるものがあるはずです。明日への活力となるような、そんなエネルギー＝自信の源が湧いてくるのではないでしょうか。

もし本棚がない場合は、埼玉県にある「角川武蔵野ミュージアム」に訪れてみることをおススメします。ここには写真のような「本棚劇場」と呼ばれる空間があり、個人レベルでは絶対に構築不可能な「本棚」に包まれる体験が可能です。

自宅サイズではピンとこなかった人も、ここなら何かを感じずにはいられないと思います。

第3章で取り上げた『ヘッセの読書術』にも、こんな1文があります。


「自分の蔵書を秩序正しく整理し、この秩序を維持し、そして拡大していくことは、自分だけが味わうことのできるよろこびを生み出す」

『ヘッセの読書術』（ヘルマン・ヘッセ　草思社）

本を愛してやまない読者さんでないと訳の分からない話かもしれませんが、秩序ある本棚にはエネルギーをチャージし、自信を後押ししてくれるような力が確かにあるのです。

だからこそ、諸々の事情が許せば、豊かなブック・シェルフを構築した方が良いと思います。諸々の事情などと書いているのは、かくいう私自身が、都内のマンション暮らしで、まともに本棚を構築できる環境にはないからです。

本棚劇場にて、本から活力をもらう

この話の原体験は実家にある本棚の方で、年に数回、帰省すると毎回のようになぜか押し入れの扉を開け、棚の前に立ってしまう自分がいます。しばし正対し、ひとしきりそこで過ごし、まるで神社に参拝した時に感じるような何かを、書棚からも受け取ることができる。誰から習ったわけでもないのですが、気づけばずっと続けている習慣です。

ちなみに、第4章のブック・ガイドで紹介した『積読こそが完全な読書術である』は、「空間」的自信につながる本棚を構築していくうえでも、最良の参考文献になると思います。この話がピンときた人がどの程度いるか分かりませんが、何かを受け取ったような気がする方は、この文脈でもぜひ読んでみてください。

自分だけで持てる以上の「自信」を持つには

最後は、その3「人間」的自信です。この自信の拠り所は「自分以外の他者からの承認」です。本質であるがゆえに、毎回同じような構造の話になってしまうのですが、

「自己完結で持てる自信」には限界がある、限界を超えるには、「他者からの信頼＝他信」が必要となる

読書も、仕事も、自信も、自分独りでは完結し得ない。

「コネクト」の章が、この話とつながってきます。

自身の「読書まとめ」を、人に話してみる。第7章でそう主張したわけですが、「緊張する、不安だ、そんなことやりたくない」といったコメントも正直あります。

逆説的ですが、そんな自分を克服したかったら、臆せず、いや臆してでもいいから、まずは安心安全な環境で「他者に話す、他者と分かち合う」体験を増やしていってほしいのです。

そのことを通じて、他者から自分のことを承認してもらう。アクセプトされる体験の積み重ねが、人軸での自信を高めていくことにつながっていきます。

だからこそ、いざ他者と関わる機会を得られた際に慌てふためかないように、普段から「紙1枚」にまとめることを習慣化したいのです。人に説明できるレベルを目指して、日頃から「システム2」を働かせていく。後で他者に共有することを前提にしているからこそ、相手が受け取りやすい「ペライチ」レベルを、最初からビルトインしておく。

そう捉えてみると、また新たな観点での気づきも得られるのではないでしょうか。

貢献は自信を生む

加えて、より強力な「人間」的自信＝「他信」の獲得につながるのが、前章のキーワードである「貢献」です。日頃から「他者志向」的ギバーとして、自己犠牲に陥らない範囲で、職場や取引先、お客様の求めに応じて「パーパス・コントリビュート」を量産していく。

当初は見返りも期待せず、「成功は先払い」ならぬ「自信は先払い」の精神で働いていれば、有形無形の「他信」が早晩返ってくるはずです。

独立当初、「空間」的自信が消滅した状態の私にとって、唯一の拠り所は「時間」的自信でした。毎日のように読書に没頭し、実践しながら認識を深め、成長につなげていく。読書を通じて、枯渇した「空間」的自信を「時間」的自信で補っていったのです。

その後、少しずつお客様が増えていきました。感謝のメールや、アンケートでの高い評価、受講者さんからのありがたい声、等々。こうした「人軸」での自信を少しずつ積み上げていくことで、さらに自信を補充・拡充するサイクルに入っていくことができたのです。

その後は本がベストセラーとなり、十分過ぎるくらいのお客様に囲まれることで、今では新たな「空間」的自信を育むこともできています。

以上、「自信には3種類ある」という本質を解説しながら、本書全体のまとめをさせてもらいました。今回学んだ「紙1枚」にまとめる読書法を実践してもらえば、読書にまつわるありとあらゆる悩みを解消していけるはずです。

そうすることで、最終的には「自信」を取り戻し、深めていくこともできる。

「1枚」ワークスでは、次のようなパーパスを掲げています。

「1枚」で　自力と自信　輝かす

本書で学んだ「紙1枚」にまとめる読書法が、あなたの自力と自信を輝かせることにつながっていくのであれば、著者としてこれほど嬉しいことはありません。

Book Guide

第9章のまとめを兼ねたブック・ガイド

今回は本文自体が総括的内容なので、いきなり本の紹介から入ります。
本章では「自信」をテーマにしました。
これを「信頼」と読み替えれば、次の本が大変参考になるはずです。

『スピード・オブ・トラスト―「信頼」がスピードを上げ、コストを下げ、組織の影響力を最大化する』
キングベアー出版
スティーブン・M.R.コヴィー他・著

タイトル通り、「信頼」や「自信」が、仕事や人生を「高速化・効率化」することについて詳述した本です。本書の冒頭で「ファスト思考」と「スロー思考」の対比を紹介しましたが、この本を読むとその本質をより深く感得することができます。

本質とは、「スローのちファスト」。すなわち、「スロー」思考で面倒なことに没頭しながら向き合った先に、「めんどくさくない超効率・超快適なファスト世界が待っている」という逆説です。

ややこしい話なので最終章までこの話は控えていましたが、どうか誤解しないでください。「ファスト＝悪、スロー＝善」ではありません。『スピード・オブ・トラスト』と『ファスト＆スロー』を併読することで、このメッセージをぜひ掴み取ってください。

最後の1冊は、個人的に大好きな本を選書させてください。

SELF-RELIANCE
自己信頼
ラルフ・ウォルドー・エマソン
徹底的に自分を信じよ。真理は自分の中にある。

『自己信頼』
海と月社
ラルフ・ウォルドー・エマソン・著
伊東奈美子・訳

この本の冒頭に、本章のテーマである「自信」を深めるうえでぜひ引用したい言葉があります。ただ、原書の表現の方が圧倒的に響いているので、今回のみ英語で挙げさせてください。とにかくリズムが素晴らしいので、ぜひ音読して味わうことをおススメします。

"the inmost in due time becomes the outmost"

『自己信頼』(ラルフ・ウォルドー・エマソン 海と月社)

「the inmost」については、まず「in」と「most」に分解してみてください。それを組み合わせて「最も(most)内的(in)なもの」と解釈すれば、十分に意味は了解できるはずです。「最も内的なもの」とは、言い換えれば「自分の本心や本音、強みやスタイル」などを指します。

「in due time」は、「やがて」が直訳です。面倒を厭わず、深め、没頭し、「時間をかけて」自身を見つめ、磨き、自らのスタイルを貫いていく。

すると、「the outmost ＝最も外的なもの」に接続し得るのだと、エマソンは言っているわけです。これは、「他者」とつながることで本質的な知が創造されること。あるいは、「自分のため」と「世のため人のため」が重なっていくことなどを意味します。まさに、本書の読書観が凝縮された1文だと言えるのではないでしょうか。

また、この章の文脈に即して解釈すれば、自信を深めるべく「紙1枚」読書力を磨いていたら、次第に周囲の人達に貢献できるようにもなっていった。

その際に得られた他者からの信頼が、さらに自信を高める源になっていく。

「the inmost」と「the outmost」を行き来することで育まれるものが「自信」であり、その往復運動を「動作」レベルで実践するために、「紙1枚」にまとめる読書法をあなたに手渡しました。

「自分のため」の「パーパス・リクエスト」。

「相手のため」の「パーパス・コントリビュート」。

「リクエストとコントリビュートのあいだ」を行き来しながら、「紙1枚」に書いていく。その「間（あわい）」から創造される「自信」を糧（かて）に、仕事やキャリア・人生の更なる飛躍を成し遂げていってください。

EPILOGUE

エピローグ

LEAD TO "SKY DIVE"

リード・トゥー"スカイ・ダイブ"

本書の内容のベースは、「動作」レベルでは2013年頃に完成していたものです。その後、主宰スクールである「1枚」アカデミアの受講者さんに学び、実践してもらうことを継続しながら、今回ついに、広く世に問う機会を得ました。

結果的には、普段アカデミアで修得してもらっている内容からは相当アレンジを加えたものになったのですが、ベースとなる読書観は当時から一貫しています。

・まずは、「著者のため」ではなく「自分のため」に読む
・それができたら、今度は「他者のため」に読む
・その読みは、結果的には早晩、「自分のため」に再度返ってくる

加えて、「リード＝READ＝読む」には別の意味があるんだといった話も、普段から受講者さん達にさせてもらっています。

・1つ目は、「リード＝LEAD＝他者から抜きん出る」
・2つ目は、「リード＝LEAD＝他者に引き上げてもらう」

大変ビジネス書的な解釈ですが、「読書」を通じてその他大勢から抜け出すこと。

先行し、頭角を現すことが、1つ目の「リード」です。

一方、「出る杭は打たれる」の格言もあります。

思い通りのキャリアや人生が歩めるかどうかのカギを握るのは、「他者」です。だからこそ、世のため人のために本を読み、社会・組織・他者の問題解決・願望実現に貢献する。

その結果、「選ばれる人材」として登用、すなわち「リード」してもらえるわけです。

ただ、選ばれたらそれで人生あがりなのかと言えばそんなことは全くなくて、新たなステージからリスタートすることになります。そこで問われるのが、第3の「リード」です。

・3つ目は、「リード＝LEAD＝他者を導く、引き上げる」

「他者にリードしてもらう」ために読書を役立てるのではなく、「他者を導く」ために本から力をもらう。テイカーやマッチャー的読書だけでは突き抜けられない理由が、ここにあります。他者志向型ギバーにとってのリードは、READであると同時にLEADです。

本書は「READ FOR〝DEEP DIVE〟」として読めるのと同時に、「LEAD TO〝SKY DIVE〟」としても最初から読むことができるように書いてあります。

最初は誰もが、単なるREADERです。そこからどう「システム2」を働かせ、「沈思黙考」へと至るような「ＤＥＥＰ　ＤＩＶＥ」的な読書を実現していくのか。このような観点で本書を実践すれば、あなたは次第にＬＥＡＤＥＲ的立場へと成長することができるはずです。ＬＥＡＤＥＲとなったあなたには、他者を引き上げる力があります。理解・共感・信頼できる相手を抜擢し、サポートしながら、その人の飛躍や発展、すなわち「ＳＫＹ　ＤＩＶＥ」を導くために、本を役立てていく。そんなステージが待っています。

実際にそうなれば、当然ながら本とのかかわり方も変わってくるはずです。見方を変えると、停滞し、成長が止まっているからこそ、同じ本を同じようにしか読むことができない。どの本からの学びも一緒に見え、つまらないと感じてしまう。そう捉えることもできます。

「リード」してもらう側として読むのか、「リード」する側として読むのか。

本書は、あなたがこれからどれだけ成長しても、読むたびに学びや気づきが得られるような本として執筆しました。どうか、本棚の片隅で構わないので、末長く置いてもらえる１冊として選書してもらえたら嬉しいです。

なお、途中何度か触れましたが、本書にはより深い理解や実践をサポートする仕組みがあります。

私は本を愛してやまない活字中毒者ですが、決して原理主義者ではありません。

例えばフレームワークの書き方のように、動画の方が分かりやすく実践的に学べるテーマもあります。本文で紹介した「1枚」の型や図版のダウンロード、あるいは「紙1枚」読書会のご案内等もしていくつもりです。以下のQRコードから、詳細を確認してみてください。

https://asadasuguru.com/1sheetreading/

最後に、私事で恐縮ですが、コロナ禍による劇的な環境変化があった2020年、私は心身の調子を崩して全く本が書けない状態に陥った時期がありました。当時頂いていた別の出版機会を活かせず、ご迷惑をおかけする事態を引き起こしたりもしていたため、2020年の年末時点では、作家活動の継続自体を諦めかけていました。

そんなどん底の状態から、「それでもやっぱりまだ、本と関わる仕事を続けたい」と奮起し、2021年を自分なりに駆け抜けてきました。

結果的には、今年だけで3冊上梓させてもらう機会に恵まれ（既刊の文庫化2冊と完全書き下ろしの本書）、何とか再起の1年とすることができました。

「読書力の深化（DEEP DIVE）と飛躍ある未来（SKY DIVE）の実現」を目的にこの本を書きましたが、その背景には他ならぬ私自身の浮上体験があります。そしておそらく、私と同じような環境や心身の変化が、多かれ少なかれあなたにも起きていたのではないでしょうか。

本書は、再起のエネルギーを纏（まと）った本です。今回の読書体験が、コロナ禍で何らかの影響を被ってしまった全ての読者さんにとって、良い好転の契機となることを願っています。

『20字』本に続き、編集の多根由希絵さんには今回も本当にお世話になりました。数々のベストセラーを手掛けてきた多根さんからの適切なフィードバックがあったからこそ、より多くの読者さんに響くスタイルで、本書を仕上げていくことができました。心より深く感謝申し上げます。

何より、執筆に没頭できる環境を日々サポートしてくれた家族の存在なくして、本書の完成はあり得ませんでした。いつも本当にありがとう！

最後に、読者のあなたにも最大限の感謝を。

ラストまで辿り着いてくれて、ありがとうございました。

でも、ここからスタートです。浅瀬でプカプカ浮いているだけの読書に危機感や物足りなさを感じていたのであれば、本書をきっかけにどこまでも深く潜ってみてください。そして、いつか再び浮上し、今度は空高く飛躍できるような日がやってくることを、祈念しています。

２０２１年10月1日　独立10年目の初日に

浅田　すぐる

著者略歴

浅田すぐる（あさだ・すぐる）

作家・社会人教育のプロフェッショナル。

「１枚」ワークス（株）代表取締役。「１枚」アカデミア・プリンシパル。動画学習コミュニティ「イチラボ」主宰。

愛知県名古屋市出身。旭丘高校、立命館大学卒。在学時はカナダ・ブリティッシュ・コロンビア大学留学。

トヨタ自動車（株）入社後、海外営業部門に従事。同社の「紙１枚」仕事術を修得・実践。

米国勤務などを経験したのち、（株）グロービスへの転職を経て、2012年に独立。

現在は社会人教育のフィールドで、ビジネスパーソンの人材育成やキャリア開発を支援。

講座・講演・研修等の累計受講者数は10,000名以上。著名企業での登壇実績多数。

2017年には海外（中国・広州）登壇、2018年にはルーツであるトヨタとパナソニック合同の管理職研修への登壇も実現。

2015年からは、作家としてのキャリアもスタート。

月間ランク１位・年間4位・海外5カ国翻訳となったベストセラー『トヨタで学んだ「紙1枚！」にまとめる技術』等、これまでに9冊を上梓。著者累計45万部超。

独立当初から配信しているメールマガジンは通算1,000号以上、読者数20,000人超。現在も継続配信中。

上記の詳細・問合せ等は公式HPにて：https://asadasuguru.com/

早く読めて、忘れない、思考力が深まる「紙１枚！」読書法

2021年12月22日　初版第1刷発行
2022年 1月20日　初版第2刷発行

著　者　浅田すぐる

発行者　小川 淳
発行所　SBクリエイティブ株式会社
〒106-0032　東京都港区六本木2-4-5
電話：03-5549-1201（営業部）

装　丁　小口翔平／三沢 稜（tobufune）
本文デザイン　荒井雅美（トモエキコウ）
本文DTP　白石知美／安田浩也（システムタンク）
校　正　聚珍社
編集担当　多根由希絵
印刷・製本　シナノ印刷

落丁本、乱丁本は小社営業部にてお取り替えいたします。定価はカバーに記載されております。本書の内容に関するご質問等は、小社学芸書籍編集部まで必ず書面にてご連絡いただきますようお願いいたします。

ISBN 978-4-8156-1339-6

本書のご感想・ご意見をQRコード、URLよりお寄せください。
https://isbn2.sbcr.jp/13396